CB069627

AVERRÓIS

COLEÇÃO
FIGURAS DO SABER

dirigida por
Richard Zrehen

Títulos publicados

1. *Kierkegaard*, de Charles Le Blanc
2. *Nietzsche*, de Richard Beardsworth
3. *Deleuze*, de Alberto Gualandi
4. *Maimônides*, de Gérard Haddad
5. *Espinosa*, de André Scala
6. *Foucault*, de Pierre Billouet
7. *Darwin*, de Charles Lenay
8. *Wittgenstein*, de François Schmitz
9. *Kant*, de Denis Thouard
10. *Locke*, de Alexis Tadié
11. *D'Alembert*, de Michel Paty
12. *Hegel*, de Benoît Timmermans
13. *Lacan*, de Alain Vanier
14. *Flávio Josefo*, de Denis Lamour
15. *Averróis*, de Ali Benmakhlouf
16. *Husserl*, de Jean-Michel Salanskis

AVERRÓIS
ALI BENMAKHLOUF

Tradução
Guilherme João de Freitas Teixeira

Revisão técnica
Tadeu Mazzola Verza
Universidade Federal da Bahia

Estação Liberdade

FIGURAS DO SABER

Título original francês: *Averroès*
© Societé d'Édition Les Belles Lettres, 1998
© Editora Estação Liberdade, 2006, para esta tradução

Preparação de originais e revisões	Tulio Kawata
Projeto gráfico	Edilberto Fernando Verza
Composição	Nobuca Rachi
Capa	Natanael Longo de Oliveira
Assistência editorial	Graziela Costa Pinto
Editor responsável	Angel Bojadsen

CIP-BRASIL. CATALOGAÇÃO-NA-FONTE
Sindicato Nacional dos Editores de Livros, RJ.

B416a

Benmakhlouf, Ali
   Averróis / Ali Benmakhlouf ; tradução Guilherme
João de Freitas Teixeira ; revisão técnica Tadeu M. Verza.
– São Paulo : Estação Liberdade, 2006
   232p. – (Figuras do saber ; 15)

   Tradução de: Averroès
   Contém cronologia
   Inclui bibliografia
   ISBN 85-7448-113-0

   1. Averróis, 1126-1198. 2. Filosofia medieval.
3. Filosofia árabe.
I. Título. II. Série.

06-0207.   CDD 181.92
                                    CDU 1(53)

Todos os direitos reservados à
Editora Estação Liberdade Ltda.
Rua Dona Elisa, 116   01155-030   São Paulo-SP
Tel.: (11) 3661-2881   Fax: (11) 3825-4239
editora@estacaoliberdade.com.br
http://www.estacaoliberdade.com.br

Sumário

Cronologia 9

Abreviaturas dos títulos das obras citadas 15

Preâmbulo 19

Introdução 23
  1. Averróis: juiz, médico e filósofo 23
  2. Histórias e lendas 29

1. Filosofia andaluza 39
  1. O paradigma médico 41
  2. O intelectualismo da filosofia na Andaluzia 44
  3. Os andaluzes: uma nação natural 57

2. Programa religioso e realização filosófica 63
  1. O Corão: um texto programático 65
  2. A justificação da prática filosófica:
    o estatuto do silogismo 71
  3. A receptividade do texto religioso 75
  4. Corão e poesia 82
  5. O método dialético 86

3. A lógica ou como orientar-se no ato de pensar? 101
   1. Poética e retórica: práticas da lógica 101
   2. Uma teoria geral do assentimento 109
   3. Uma lógica da comunicação 112
   4. A generalização do silogismo 117
   5. O assentimento retórico 120
   6. Um método para definir 130
   7. Elite e massa 136

4. Sentir, imaginar, conceber 145
   1. Sensação e imaginação 145
   2. Disposição e aquisição 148
   3. Intelecto material e intelecto agente 154
   4. Ato e forma 156
   5. O prazer de pensar 160
   6. Ceticismo e metafísica 172

5. Interpretar 187
   1. A tradição andaluza relativa à teologia e ao direito: os escritos do avô de Averróis 188
   2. Controvérsia e silogismo 193
   3. Os limites do consenso 203
   4. Saber filosófico e visão profética 208

Conclusão: Para uma filosofia da tradução 217

Bibliografia 225

Cronologia

1126 Nascimento em Córdoba de Abu al-Walid Mohammed Ibn Ahmed Ibn Rushd; no Ocidente latino, é conhecido pelo nome de Averróis. Morte do avô (1058-1126) juiz e, também, grande jurista que havia sido imã [guia] e "*cadi** da comunidade" [*qadi al qudat*] da grande mesquita de Córdoba, em 1117. Para seus contemporâneos, Averróis será, antes de tudo, "o neto" [*al-Hafid*] que, igualmente, exerceu a função de juiz.

1129-36 Período conturbado de combates. Os almorávidas, senhores da Andaluzia, têm de enfrentar, por um lado, Afonso VII de Castela e, por outro, os almôadas (movimento – em seguida, dinastia – oriundo do Marrocos).

Nada se sabe sobre a infância de Averróis; entre as raras informações relativas a sua formação filosófica, consta que teria lido os livros de Ibn Bajja (Avempace, falecido em 1139), cujas idéias estão presentes em seus resumos

---

* Trata-se de um juiz com formação religiosa; como representante da autoridade, estava encarregado de aplicar a lei. [N. T.]

[*Mukhtassarat*]; que visitava com freqüência Ibn Tufayl (Abubacer, falecido em 1185) e sentia grande estima por al-Farabi; em compensação, mantinha polêmica com Avicena e al-Ghazali (falecido em 1111). Formação em poesia e direito muçulmanos.

1134   Afonso VII de Castela apodera-se de Saragoça.

1135   Afonso VII proclama-se imperador da Espanha; nascimento de Maimônides.*

1144   Segunda Cruzada, pregada por são Bernardo, na qual participou o rei Luís VII da França.

1147   Vitória dos almôadas; essa dinastia manter-se-á no poder até 1269.

1157   Averróis reconstitui o resumo do *Mustafa* (que se perdera) de al-Ghazali; morte de Afonso VII.

1158   Redação dos *Mukhtassarat* ou resumos. Esses textos precedem os *Médios comentários* e têm como objetivo fornecer o necessário para alcançar a perfeição humana [*al-kamal lil-insan*]; porém, nos *Mukhtassarat*, Averróis reserva, em geral, o lugar de honra para os comentadores, contrariamente ao procedimento adotado nos *Médios comentários*, em que as interpretações conhecidas por ele são utilizadas como auxiliares para completar um argumento ou antecipar a resposta a uma objeção.

1160   Ano em que Averróis teria sido apresentado ao califa por Ibn Tufayl, filósofo e médico andaluz.

---

*   Cf. nesta coleção, *Maimônides*, de Gérard Haddad. [N. T.]

1165-75	Redação dos *Médios comentários ao Organon**, início de um amplo empreendimento – respaldado pelo príncipe andaluz Yussuf – de redescoberta de Aristóteles.
1167	*Médio comentário aos* Tópicos *de Aristóteles.*
1168	Data provável da redação da *Bidayat al-mujtahid wa nihayat al-muqtasid* [Começo para o diligente e fim para o resignado]. Esse livro compreende duas partes: a primeira consagrada ao culto [os *Ibadat*] e a segunda às relações sociais [*Mu'amalat*]. Morte do pai de Averróis.
1169	Averróis é nomeado *cadi* de Sevilha; termina o *Médio comentário ao* Tratado dos animais.
1169-79	Percorre o império almôada; é encontrado, com freqüência, em Sevilha, que figura na datação de vários de seus escritos.
1170	Termina dois *Médios comentários*: um à *Física* e o outro aos *Segundos Analíticos*.
1171	Averróis torna-se *cadi* em Córdoba.
1174	Data provável da redação de outros dois *Médios comentários*: um às *Refutações sofísticas* e outro ao *De anima* [Da alma].
1175-76	Termina o *Médio comentário à* Retórica.
1176	Termina o *Médio comentário à* Poética.

---

* Termo aplicado, tradicionalmente, ao conjunto de obras lógicas de Aristóteles; contém a teoria aristotélica do método, ou seja, da estrutura do raciocínio válido e da argumentação a aplicar em toda a ciência. Cf. *Dicionário básico de filosofia*, org. H. Japiassú e D. Marcondes, 3. ed., Rio de Janeiro, Jorge Zahar Editor, 1999, p. 202. [N.T.]

1177 Termina o *Médio comentário à Ética a Nicômaco*.

1178 Estada em Marrakech, cidade onde termina o *De Substantia Orbis* [Sobre a substância das esferas celestes].

1179 É nomeado *cadi* de Sevilha. Data provável da redação do *Fasl al-Maqal* [Discurso decisivo sobre a concordância entre revelação e sabedoria] e do *Kashf manahij al-adilla fi 'aqa'id al-milla* [Exposição dos métodos de prova relativos aos dogmas da religião].

1180-81 Publicação do *Tahafut al-Tahafut* [A incoerência da incoerência], resposta polêmica dirigida a al-Ghazali, que tinha publicado um livro intitulado *Tahafut al-Falasifa* [A incoerência dos filósofos]. *Tahafut al-Tahafut* constitui, com *Fasl al-Maqal* e *Kashf manahij al-adilla fi 'aqa'id al-milla*, as principais obras originais de Averróis; os outros escritos são, essencialmente, comentários.

1181 Comentário do poema de Avicena sobre a medicina *(Urjuzat fi al-tibb)*.

1182 Averróis dirige-se a Marrakech para substituir, como médico, Ibn Tufayl junto ao califa Abu Ya'cub Yussuf (que faleceria em 1184), segundo da dinastia dos almôadas, filho de Abd-Al-Mumin; este, por sua vez, havia sido discípulo e sucessor de Ibn Tumart (falecido em 1130), fundador da dinastia. Desse período datam os comentários na área da medicina sobre as obras de Avicena e de Galeno. Durante o reinado de Abu Yussuf Ya'cub (1184-1199), cognominado O Vitorioso [*al-Mansur*], filho de Abu Ya'cub,

	Averróis usufruiu dos favores da corte por dez anos.
1183	*Grande comentário aos Segundos Analíticos* – durante muito tempo considerado perdido – que, de alguma forma, apresenta a última palavra de Averróis sobre a lógica; esse livro inaugura a série dos *Grandes comentários*.
1187	Terceira Cruzada, pregada pelo papa Gregório VIII, na qual participaram Ricardo Coração de Leão, rei da Inglaterra (1189-1199), e Filipe Augusto, rei da França (1180-1223), fundador da Universidade de Paris (1215).
1188	*Grande comentário a De caelo* [Do céu] (uma parte do manuscrito encontra-se na Biblioteca Nacional de Túnis – Tunísia).
1190	*Grande comentário a De anima* [Da alma].
1192-94	*Grande comentário à Metafísica*, o último dos *Grandes comentários* redigidos pelo filósofo de Córdoba. Ao mesmo tempo, ele redige vários livros na área da medicina comentando a obra de Galeno, entre os quais o *Médio comentário* aos *Temperamentos*, outro aos *Elementos* e, ainda, outros dois a *Faculdades naturais* e a *De febribus* [Das febres].
1195	Abu Yussuf Ya'cub al-Mansur derrota Afonso VIII em Alarcos.
1197	Averróis cai em desgraça, certamente por intervenção dos malikitas;[1] de fato, al-Mansur

---

1. Referente a Ibn Malik, fundador da escola de direito muçulmano que ostenta seu nome e que era fortemente representada na Andaluzia.

distinguia-se pela particularidade de estar rodeado, ora por filósofos, ora por *fuqaha* [teólogos e juristas]. Averróis é banido para Lucena, perto de Córdoba; édito para queimar seus livros e proibir seus ensinamentos.

1198 Al-Mansur volta a Marrakech, anula o édito e convoca o filósofo para ficar a seu lado, na corte.

Em dezembro, morte de Averróis, que é enterrado, primeiro, em Marrakech, perto da porta de Taghzaout e, três meses depois, em Córdoba.

1199 Funeral de Averróis em Córdoba, na presença do místico Ibn al-'Arabi; morte de Al-Mansur.

Abreviaturas
dos títulos das obras citadas

CMC   *Commentaire moyen sur les* Catégories [Médio comentário às *Categorias*], texto estabelecido por M. Kacem, C. Butterworth, A. A. Haridi. Cairo: The General Egyptian Book Organization, 1980.

CMI   *Commentaire moyen sur le* De interpretatione [Médio comentário ao *De interpretatione*], texto estabelecido por M. Kacem, C. Butterworth, A. A. Haridi. Cairo: The General Egyptian Book Organization, 1981.

CMPA   *Commentaire moyen sur les* Premiers Analytiques [Médio comentário aos *Primeiros Analíticos*], texto estabelecido por M. Kacem, C. Butterworth, A. A. Haridi. Cairo: The General Egyptian Book Organization, 1983.

CMSA   *Commentaire moyen sur les* Seconds Analytiques [Médio comentário aos *Segundos Analíticos*], ed. A. Badawi, Kuwait, 1984.

CMT   *Commentaire moyen sur les* Topiques [Médio comentário aos *Tópicos*], texto estabelecido por M. S. Salim. Cairo: 1980.

CMR   *Commentaire moyen sur la* Réthorique [Médio

comentário à *Retórica*], ed. de M. S. Sâlim. Cairo, 1967.

CMP   *Commentaire moyen sur la* Poétique [Médio comentário à *Poética*], ed. de C. Butterworth e A. A. Haridi. Cairo, 1987.

CMA   *Commentaire moyen sur* De anima [Médio comentário ao *De anima*], ed. A. L. Ivry, rev. por M. Mahdi. Cairo: Majlis al a'la li-al-taqafa, 1994.

CMRP   *Commentaire moyen sur la* Republique *de Platon, Averroes's Commentary on Plato's* Republic [Médio comentário à *República* de Platão]. Editado e traduzido do hebraico (língua em que o texto foi conservado) para o inglês por E. I. J. Rosenthal. 3. ed., Cambridge: Cambridge University Press, 1969.

FM   *Fasl al-maqal* (*Discours décisif*, ed. bilíngüe) [Discurso decisivo sobre a concordância entre revelação e sabedoria], tr. fr. de M. Geoffroy. Paris: GF, 1996.

KM   *Kitab kashf al-manahij al-adilla fi 'aqa'id al-milla* (*Livre du dévoilement des méthodes des preuves touchant les dogmes de la religion*) [Livro do desvelamento dos métodos das provas que dizem respeito aos dogmas da religião], datado de 1179, ed. de M. A. Al Jabri, Beirute (Líbano), 1998.

TT   *Tahafut at-tahafut*, ed. M. Bouygues. Beirute (Líbano): Dar el-Machreq, 1992.

GCM   *Grand commentaire sur la* Métaphysique [Grande comentário à *Metafísica*]. 3. ed. Ed. M. Bouygues, Beirute (Líbano): Dar el-Machreq Editeurs, 1990.

GCA   *Grand commentaire sur le* De anima [Grande comentário ao *De anima*], 3ª parte, tr. fr., in

Alain de Libera, *L'Intelligence et la pensée* [A inteligência e o pensamento]. Paris: GF, 1998.

RRT   *Rasa'il Ibn Rushd al-tibbiyya* (*Les Traités médicaux d'Averroès*) [Os tratados médicos de Averróis], ed. de G. C. Anawati e S. Zayed. Cairo: Centro da Edição da Herança Cultural, 1987.

Preâmbulo

Comecemos pela leitura de um sonho do califa al-Ma'mun (ano de 833) que, no século IX, permitiu o extraordinário desenvolvimento da filosofia nas terras do Islã. O sonho foi relatado, no final do século X, pelo bibliógrafo al-Nadim:

> O califa al-Ma'mun viu, em sonho, um homem de testa grande e tez clara colorida de vermelho; não havia separação entre suas sobrancelhas; era calvo e tinha olhos azul-escuros; suas maneiras eram afáveis; estava sentado em uma cátedra. Eu estava, diz al-Ma'mun, bem encostado a ele e fiquei com muito medo. Perguntei-lhe: "Quem é você?". Ele respondeu-me: "Sou Aristóteles". Essa informação encheu-me de regozijo e eu disse-lhe: "Ó sábio, vou fazer-lhe algumas perguntas". Ele replicou: "Pois não". Eu perguntei-lhe: "O que é o bem?". Ele respondeu-me: "O que a razão indica como tal". Insisti: "E depois?". Ele respondeu-me: "O que a revelação indica como tal". Voltei a insistir: "E depois?". Ele respondeu-me: "O que, para todo o mundo, é bem". E, de novo, insisti: "E depois?". Ele respondeu-me: "Depois, não há depois".[1]

---

1. Al-Nadim, *Kitab al-fihrist* (conforme tradução de J. Jolivet, "Esquisse d'un Aristote arabe", in M. A. Sinaceur (ed.), *Penser avec Aristote*, Toulouse, Erès, 1991, p. 177).

Esse sonho inaugurou o importante período da tradução das obras gregas para o árabe, quase sempre após terem passado pelo siríaco; esse é o indício de uma vontade política de abrir um verdadeiro espaço à filosofia grega na cultura árabo-muçulmana. Essa vontade não se exprimiu de maneira constante; apesar disso, permitiu a descoberta, a tradução e a transformação de uma cultura por outra.

Na Andaluzia, no século X – dois séculos antes do nascimento de Averróis –, nessa mesma tradição de escolhas culturais que emanam de uma vontade política, al-Hakam II, *al-Mustansir billah* (961-76) havia iniciado a transferência das obras filosóficas e científicas das cidades orientais para Córdoba.

Na Andaluzia do século XII, o direito está bem representado entre as ciências muçulmanas clássicas. Nessa disciplina, a família de Averróis destacou-se de maneira significativa: o avô do filósofo, falecido no ano do nascimento do neto (1126), foi grande *cadi* e ganhou celebridade suficiente para que seu descendente – portador do mesmo nome – fosse distinguido com o título "o neto" [*al-hafid*], ao exercer a mesma função. Muito antes de praticar a filosofia, Averróis foi conhecido como juiz e jurista; era considerado especialista na obra de Malik,[2] *Al-Muwatta*[3], fundador de uma quarta escola jurídica –

---

2. Al-Imam Malik (795) é o autor de *Al-Muwatta'* [Livro das convenções]. Ver o artigo de A. Turki, "Vénération pour Mâlik dans le mâlikisme andalou", in *Théologiens et juristes de l'Espagne musulmane*, Paris, Maisonneuve et Larose, 1982. Turki observa que a "primeira característica do malikismo andaluz consiste no fato de que praticamente manteve sua exclusividade em relação a qualquer outra escola jurídica" (p. 50). O malikismo distingue-se pelo "apego indefectível à Tradição e à prática viva das pessoas de Medina" (p. 53).
3. "Compêndio da lei aplicada em Medina", segundo a expressão de Noël J. Coulson, *Histoire du droit islamique* (1964), tr. fr., Paris, PUF, 1995,

aliás, aquela que exerceu maior influência na Andaluzia –, ao lado das outras três fundadas por Ibn Hanifa, Chafi'i[4] e Ibn Hanbal.[5]

À semelhança do avô, Averróis fez comentários detalhados sobre as doutrinas das diversas escolas jurídicas e consolidou o caráter idealista do direito islâmico, um direito que "não era oriundo da prática dos tribunais, nem das soluções preconizadas pelos magistrados", e cuja autoridade "não estava baseada no fato de estar em vigor, mas nos argumentos teóricos dos eruditos que expunham a razão pela qual ele deveria estar em vigor".[6]

Assim, estamos vendo que Averróis – além de proceder à análise, em seu livro *Bidayat al-mutjahid wa nihayat al-muqtasid*[7], das divergências de pontos de vista jurídicos que haviam contribuído para criar uma verdadeira ciência da controvérsia [o *khilaf*] – constatou as diferentes interpretações jurídicas sobre este ou aquele ponto (abluções, proibição do álcool, etc.) e desenvolveu um método de validação dos argumentos a partir de seu valor intrínseco.[8]

---

p. 64. Medina, que serviu de refúgio para Maomé, no ano de 622, foi a primeira cidade muçulmana governada pelo profeta.

4. Mohammed Ibn Idriss al-Chafi'i, nascido em 767, dedicou-se, sobretudo, ao método jurisprudencial; além disso, enfatizou a tradição profética como fonte do direito. Cf. N. J. Coulson, op. cit., p. 56: "O reconhecimento das tradições, os *hadith* [ditos proféticos] ou oriundos de Maomé, como fonte da vontade divina para completar o Corão, é a maior contribuição de al-Chafi'i para a jurisprudência islâmica".

5. Ibn Hanbal, falecido em 855, conhecido por ter rejeitado a possibilidade de considerar a razão como uma fonte do direito ao lado do Corão e da Tradição profética; sua escola é pouco representada na Andaluzia.

6. N. J. Coulson, op. cit., p. 81.

7. Averróis, *Bidayat al-mutjahid wa nihayat al-muqtasid* [Começo para o diligente e fim para o resignado], 10ª ed., Beirute (Líbano), Dar al-kutub al-'ilmiyya, 1988.

8. Para fornecer uma idéia dessa orientação – se não idealista, pelo menos intelectualista – na interpretação do direito, desenvolveremos dois argumentos: um relativo à prece e o outro à proibição das bebidas alcoólicas. Cf. p. 198-200.

Tal método deverá aplicar-se tanto ao comentário filosófico quanto à interpretação jurídica da lei religiosa; apesar de ter enfrentado uma violenta oposição, Averróis tentará estabelecer tal vínculo, do ponto de vista formal, ao apropriar-se da herança do pensamento grego para o maior benefício do Islã no Ocidente.

Eis as características de seu estilo filosófico: um interesse pela norma e pela regra, uma confiança no poder de verdade embutido na lógica e uma paixão pelo raciocínio especulativo.

Introdução

1. Averróis: juiz, médico e filósofo

Homem de cultura, contemporâneo de Maimônides, filósofo a quem o Ocidente cristão ficou devendo a (re)descoberta de Aristóteles[1], bom conhecedor da poesia árabe[2], Averróis foi para seus contemporâneos, antes de tudo, juiz, jurista e médico. Durante sua vida, e para as duas gerações posteriores, sua atividade como comentador [al-charih, era seu apelido] do "primeiro mestre" [Aristóteles] não

---

1. Por exemplo, a obra de Tomás de Aquino constitui um testemunho disso pelo grande número de referências ao filósofo muçulmano.
2. As poesias de Abu Tammam e de al-Mutanabbi, citadas freqüentemente em seu *Médio comentário* à *Poética* de Aristóteles, sublinham sua vontade de levar a uma comunhão dos saberes grego e árabe, vontade erigida em princípio filosófico de harmonização entre a filosofia grega e a cultura árabo-muçulmana. Hbib bnou aws al-Ta'i (812-52), chamado Abu Tammam, é conhecido, igualmente, por seus panegíricos em honra de Almu'tassim; é citado por Averróis como exemplo da exigência poética de um "nó" [ribat] e de um "desfecho" [hall], mencionados por Aristóteles na *Poética* (cf. 1455 b, 23-26, § 73). Por sua vez, Ahmed Abu al-Husayn Abu Tayyib, chamado al-Mutannabi, "aquele que profetiza" (915-65), é um grande poeta clássico; compôs numerosos panegíricos em honra de Seif-al-dawla, príncipe de Alepo em meados do século X. Averróis cita-o no § 62 do *CMP* a propósito dos bons retratistas, mencionados por Aristóteles (cf. 1454 b, 8-15); este cita Homero, que soube esboçar um retrato bastante realista de Aquiles. No § 62, Averróis cita dois versos de louvor dirigidos ao príncipe de Alepo. Cf. *CMP*, p. 90; Abu Tayyib é citado e comentado, também, nos § 64, 68 e 73.

chegou a ocupar posição de destaque. Apesar disso, para Averróis, aquele que ele afirmava ser "*Sahib al-mantiq*", o "amigo da sabedoria", era a perfeição feita homem:

> Creio que, na natureza, esse homem constituiu uma regra, um modelo que a própria natureza inventou para mostrar-nos o supremo grau de perfeição [acessível] no mundo material.[3]

Seu projeto de dar acesso à mais elevada forma do saber, ou seja, *o saber demonstrativo*, para distingui-lo das formas incertas do saber veiculado pela dialética e pela retórica, nem sempre foi bem compreendido nem aceito. Houve mesmo quem lançasse sobre nosso filósofo a acusação particularmente grave de heresia e ateísmo, na medida em que os eruditos religiosos da época não admitiam que seu modelo fosse contestado, muito menos destronado, pelo saber dos antigos, e, em especial, pelo saber aristotélico que, acima de tudo, era visto como um saber pagão.

Sob o reinado de Ya'cub al-Mansur, filho de Abu Ya'cub (1184-99), Averróis ganhou os favores do poder, e conseguiu tranqüilidade durante dez anos. Segundo o relato de Ibn Abi-Usaybi'a (1203-71), seu bibliógrafo, Averróis teria respondido àqueles que o parabenizavam por usufruir dos favores do príncipe:

> Esse fato dispensa cumprimentos; o Defensor dos Crentes reserva-me uma familiaridade que vai além de tudo o que eu poderia esperar,[4]

---

3. Averróis, *Grande comentário ao* De anima (*GCA*), livro III, p. 101.
4. Ibn Abi-Usaybi'a, *Uyun al-anba'fi tabaqat al-attiba*, Beirute (Líbano), Dar al-taqafa, p. 122-7, 1987; 4ª ed., p. 124.

afirmação que poderia deixar as pessoas ingênuas em dúvida quanto ao que ele pretendia dizer. Essa propensão – se não para o duplo sentido, pelo menos para a expressão sutil – custou-lhe caro em outras circunstâncias: certa vez, ele pretendeu afirmar que o soberano era "príncipe de duas terras" [*al barrayn*]; essa palavra foi transmitida de maneira deformada, de modo que passou a significar "príncipe dos berberes" [*Al barbar*]... Crime de lesa-arabismo: os almôadas, oriundos efetivamente da Berberia (Norte da África), haviam construído sua legitimidade ao mobilizar o símbolo do arabismo. Em 1195, o poder voltou-se contra Averróis que, assim, caiu em desgraça: foi banido para Lucena, perto de Córdoba. Para além da historieta a respeito dos berberes, a razão desse banimento, segundo Ibn Abi-Usaybi'a, residiu no fato de que Averróis estava ocupado com "a sabedoria e as ciências dos antigos"; convém esclarecer que, na Andaluzia, a filosofia gozava de pouca estima. Esse modo de pensamento aparecia ao homem comum como um caminho para o ateísmo.

A medida de banimento não atingiu apenas Averróis: ainda segundo Ibn Abi-Usaybi'a, essa condenação estendeu-se a um grande número de outros eruditos. Foi editada uma lei para queimar suas obras filosóficas – excetuando os textos relativos à medicina e ao cálculo[5] – e proibir seus ensinamentos. Essa medida já tinha precedentes: sob o reinado do almorávida Ali bnu Yussuf, as obras do filósofo e teólogo al-Ghazali, próximo do pensamento ortodoxo dos asharitas[6], tinham sofrido a mesma sorte.

---

5. Segundo al-Murrakuchi, *Al-mu'jib fi talkiss akhbar al-maghrib* [Coisas estranhas relativas à história do Magreb], seção "Os almôadas", textos escolhidos e editados por Ahmad Badr, wizarat al-taqafa wa al-irchad al-qawmi; Damasco (Síria), 1978, p. 211.

6. Escola teológica, cujo nome deriva de Al-Ash'ari, conhecido por ter fixado uma forma de ortodoxia no Islã.

Na Andaluzia, os *fuqaha*, teólogos e juristas, podiam exercer influência sobre o príncipe em favor de um auto-de-fé de obras filosóficas que nem tinham lido, mas que lhes pareciam ser contrárias à prática da religião; nesse caso, bastava que as apresentassem como heréticas, no sentido de "novas" [*bid'a*], ou seja, como obras que tinham a pretensão de completar o Corão, e até mesmo de tomar seu lugar, o que, na tradição malikita, era formalmente condenado. Esse ponto explica por que é possível encontrar em Averróis – e, anteriormente, em seu avô – numerosos argumentos sobre a completude corânica que, tanto do ponto de vista jurídico quanto do filosófico, só pode ser entendida como uma completude *formal* e não material: ainda sobra muito para conhecer e aplicar, mesmo que o princípio do saber e do direito já tenha sido apresentado – para não dizer fixado – para sempre. Essa é a razão que nos levou a dedicar uma parte deste livro a uma importante tese, presente em Averróis, segundo a qual o Corão é, antes de tudo, um programa a ser conhecido e posto em prática e não um texto no qual se pode encontrar tudo, no sentido material de totalidade.

O avô do filósofo – como já assinalamos, grande juiz e grande jurista – foi o autor de um livro, *Kitab al-muqqaddimat al-mumahhidat*[7], sobre a lei malikita; retomaremos alguns de seus argumentos para contextualizar o trabalho de Averróis sobre o direito [*Usul al-fiqh*]. Encontramos nos textos do neto uma orientação intelectualista, pode-se até dizer idealista, semelhante à adotada pelo avô em seus escritos; enfatizaremos a vontade de saber, erigida em princípio de legislação, sob a forma da necessária derivação [*al-istinbat*] do sentido e do comentário que

---

7. Ibn Ruchd (avô), *Al-muqaddimat al-mumahhidat li bayani ma 'qtadahu rusum al-mudawana mina al-ahkam al-shar'iyya* [Livro das introduções], Beirute (Líbano), Dar Al-Sadir, s. d.

compete ao homem, uma vez que o texto sagrado, limitado, não pode conter todos os casos que, eventualmente, venham a ocorrer. Assim como seu antepassado, Averróis valoriza o princípio da derivação e dá-lhe um estofo filosófico, considerando-o como o elemento genérico do saber, do qual o silogismo aristotélico é, sob sua forma demonstrativa, a mais perfeita de todas as espécies.

O método jurídico da controvérsia, por um lado, e, por outro, o método filosófico do silogismo, são as armas utilizadas por Averróis contra o modo de raciocínio dialético dos teólogos. Pode parecer surpreendente que um jurista muçulmano, exercendo a função de juiz que também aplica a lei, se oponha à teologia, que tem como objetivo elucidar a palavra de Deus. Na realidade, para Averróis, esse projeto de elucidação é um embuste: em seu entender, os teólogos – em particular, os asharitas e os mutazilitas[8], representantes das duas correntes predominantes no período clássico do Islã – são homens cuja paixão não é a elucidação do Corão, mas a valorização da ambigüidade. Segundo ele, os teólogos são forças obscurantistas que se assenhoreiam do texto sagrado para elaborar outra forma de religião, quase uma seita. Do ponto de vista social, os teólogos representam um perigo de dissenso e ameaçam o acordo pressuposto pelo pacto em torno do texto sagrado.

Averróis ataca seus argumentos indicando, em cada oportunidade, a inclinação sofística dos teólogos; ao caracterizar os argumentos deles como argumentos dialéticos, o filósofo sente-se obrigado a estabelecer a distinção

---

8. Literalmente, *os separados*, que viveram seu momento de glória no século IX e no início do século X; são conhecidos por terem facilitado a leitura racionalista do Corão e por terem atribuído plena realidade à deliberação humana, o que os colocava em conflito com todos aqueles que pensavam que Deus é o único agente verdadeiro de todas as coisas.

entre a dialética praticada pelas escolas teológicas e a dialética mencionada por Aristóteles nos *Tópicos*. De um lado, temos uma prática que utiliza a homonímia dos termos e limita a dialética à disputa verbal; de outro, uma arte que predispõe para o conhecimento científico ao elucidar os componentes dos argumentos – tais como a definição, o próprio, o acidente, o gênero –, em relação aos quais Aristóteles havia apresentado os *topoi*, ou seja, esquemas conceituais que podem ser utilizados na construção dos raciocínios. Nesta nossa análise, empenhamo-nos em distinguir, em cada circunstância, a dialética correspondente.

Finalmente, pareceu-nos importante situar a figura de Averróis no contexto andaluz. Eis o motivo pelo qual procuramos indicar sua filiação a Ibn Bajja e Ibn Tufayl, dois filósofos andaluzes quase seus contemporâneos. Observamos, também, o caráter fortemente intelectualista da filosofia andaluza e a pregnância do modelo médico. A medicina aparece, efetivamente, não só como uma prática, mas fornece também um modelo de explicação, um paradigma no sentido utilizado por T. Kuhn[9], ou seja, um conjunto de crenças, valores e técnicas comuns aos membros de determinado grupo. Muito mais do que a filosofia, os paradigmas predominantes que moldam a prática filosófica de Averróis são, por um lado, o direito, no que diz respeito às ciências sagradas, e, por outro, a medicina, em relação às ciências profanas.

---

9. T. Kuhn, *La Structure des révolutions scientifiques*, tr. fr., Paris, Flammarion, 1983, p. 238: "Por um lado, [o paradigma] representa o conjunto de crenças, valores reconhecidos e técnicas comuns aos membros de determinado grupo. Por outro, ele denota um elemento isolado desse conjunto: as soluções concretas de enigmas que, utilizadas como modelos ou exemplos, podem substituir as regras explícitas como bases para a solução dos enigmas que subsistem na ciência normal". [Ed. bras.: *A estrutura das revoluções científicas*, São Paulo, Perspectiva, 1975.]

2. Histórias e lendas

Para além da pessoa "Averróis", há o valor simbólico assumido por esse nome. Considerado, por uns, como um dos pais espirituais da Europa pela influência exercida por sua filosofia nas escolas italianas e francesas desde o século XIII e, por outros, como o arauto do combate contra o obscurantismo religioso, Averróis acabou aparecendo como um filósofo positivista. A tese de Renan (1823-92)[10] contribuiu para transformar nosso filósofo em um racionalista no sentido atribuído a esse termo no século XIX, ou seja, um filósofo em conflito aberto com as forças obscurantistas da religião. Mas comecemos verificando como os árabes da Idade Média percebiam aquele que, ainda vivo, já era uma lenda.

O bibliógrafo Ibn Abi-Usaybi'a menciona, em primeiro lugar, que Averróis é jurisconsulto e, em seguida, médico[11]; o filósofo comentador de Aristóteles só aparece em terceira posição. Ibn Abi-Usaybi'a insiste, também, sobre sua familiaridade com o príncipe, a quem Averróis dizia: "Ouve, meu irmão...".[12]

O convívio de Averróis com príncipes chamou a atenção, igualmente, de al-Murrakuchi[13], que narra duas cenas relativas à filosofia.

A primeira é relatada a al-Murrakuchi por Abu Bakr Boundoud Yahiya, o cordovês, aluno de Averróis: o Defensor dos Crentes, Abu Ya'cub, pediu a opinião de Averróis – que acabava de ser apresentado por seu amigo,

---

10. E. Renan, *Averroès et l'averroïsme* (1852), Paris, Calmann-Lévy, reed. 1949.
11. Ibn Abi-Usaybi'a, op. cit.
12. Ibidem, p. 125.
13. Abd al-wahad bn ali al-tamimi al-Murrakuchi, op. cit., p. 211.

o filósofo Ibn Tufayl, de quem falaremos mais adiante – sobre a eternidade do mundo. Intimidado, Averróis começou por negar que tivesse algum interesse pela filosofia; para inspirar-lhe confiança, Abu Ya'cub decidiu expor a Ibn Tufayl as opiniões de Aristóteles e de Platão, além de manifestar o desejo de conhecer o que os *ahl al-islam* [muçulmanos] pensavam a esse respeito. Impressionado pelo conhecimento do príncipe, que superava o dos eruditos que se dedicavam exclusivamente ao estudo, Averróis acabou arriscando-se a dar uma opinião que consistia em justificar a eternidade do mundo pela própria citação do texto sagrado (para o detalhamento dos argumentos, voltaremos a esse aspecto na seção intitulada "Ceticismo e metafísica", no capítulo 4).

A segunda cena passa-se, igualmente, na corte e sempre na presença do médico-filósofo Ibn Tufayl[14] que, segundo se presume, conhece a solução para a perplexidade dos andaluzes perante o texto de Aristóteles e do de seus tradutores. Deixemos a palavra a Averróis:

> Tendo chamado por mim, Abu Bakr Ibn Tufayl disse-me: "Hoje, ouvi o Defensor dos Crentes queixar-se da dificuldade do texto de Aristóteles e do de seus tradutores, mencionar a falta de clareza de suas finalidades e afirmar que seria bom que alguém pudesse comentar esses livros [*yulakhissuha*] e tornar acessíveis seus objetivos depois de ter conseguido compreendê-los de uma forma adequada; só assim as pessoas teriam acesso a essas obras. Se sentires uma energia suplementar para tal empreendimento, vai adiante; por minha parte, desejo que cumpras essa tarefa, considerando a excelência de teu espírito, da pureza de tuas aptidões e do vigor de tua

---

14. Al-Murrakuchi, op. cit., p. 130.

propensão para essa arte; não me prives de participar dessa tarefa, a não ser que estejas levando em conta minha idade avançada, minhas ocupações e minha preocupação com o que é, para mim, mais essencial do que isso". Abu al-Walid [Averróis] disse: "eis o que me levou a comentar os livros do sábio Aristóteles nos *Talkhiss*".[15]

Assim teria surgido o projeto de tornar acessível o texto de Aristóteles aos andaluzes; ou, dito de outra forma, o projeto de comentar a obra do Estagirita...
Essas duas cenas parecem confirmar que o estatuto social da filosofia é, nessa época, bem precário; que é, realmente, a vontade política singular – a de um certo príncipe desejoso de transmitir o saber dos antigos e compará-lo com o saber tradicional dos muçulmanos – que permitiu à prática filosófica afirmar-se às claras; finalmente, que a questão da eternidade do mundo é uma preocupação metafísica legítima. Ela anuncia um novo interesse, com a devida aprovação do príncipe, pelas ciências especulativas – até então, os andaluzes tinham-se distinguido, sobretudo, no saber médico, gramatical e teológico.

Ao pretender tornar Aristóteles acessível e ocupar-se de metafísica, o projeto de Averróis assume uma postura especulativa, longe das iluminações místicas; aliás, na esteira de Ibn Bajja, ele criticará severamente o sufismo e a maneira como este havia sido entendido por al-Ghazali. Após a morte de Averróis, o misticismo islâmico reencontrará, na pessoa de Ibn al-ʿArabi, mais do que um sopro, uma revelação. Em seu livro de poemas, *al-Futuhat al-Makiyya*[16], ele descreve os dois encontros com Averróis:

---

15. Ibidem, p. 243.
16. Muhiddin Ibn al-ʿArabi, *Al-futuhat al-makiyya* [As iluminações de Meca], ed. por Uthman Yahiya, tomo II, Cairo, al-maktaba al-ʿarabiyya, 1972, p. 372-3.

o primeiro coloca frente a frente um filósofo, acostumado ao saber especulativo, e um jovem místico superdotado (Ibn al-'Arabi). O relato é apresentado, evidentemente, do ponto de vista do místico, que entra bastante jovem na via espiritual e encontra o filósofo experiente: tratar-se-á de respeito, distanciamento ou pavor diante do erudito? Vontade de reconhecimento do jovem místico pelo grande mestre não místico? Ao ter conhecimento da precoce engenhosidade de Ibn al-'Arabi, Averróis teria desejado encontrá-lo para formular-lhe a seguinte pergunta: "O que pensa do desvelamento e da emanação divina; será isso que nos fornece o conhecimento?". A resposta "sim e não" de Ibn al-'Arabi teria colocado Averróis em um estado de terror e tremor...

O segundo encontro ocorreu durante o funeral do filósofo: os restos mortais de Averróis, colocados na parte lateral da mula, eram equilibrados pelo peso de suas obras que estavam no outro lado do animal. Um poema foi, então, improvisado por Ibn al-'Arabi e seus amigos:

> Eis al-Imam e eis suas obras.
> Aprouve ao céu que sua esperança tenha sido
> concretizada!

O nome de Averróis parece atrair lendas também entre os comentadores ocidentais. Assim, entre estes, alguns, como E. Renan, pretenderam fazer de Averróis um livre-pensador, partidário de uma razão iluminada que teria conseguido rebaixar a teologia à categoria de uma ampla superstição; por sua vez, no início do século XX, outros comentadores, tais como L. Gauthier, leitor e tradutor de Averróis, tentaram avaliar o grau dos contrasensos suscitados pela obra do filósofo cordovês:

> Vemos que, desde o século XIII até nossos dias, os historiadores da filosofia árabe, em seus julgamentos sobre Ibn Rushd, percorreram sucessivamente toda a gama das interpretações, desde a impiedade radical, fruto de um racionalismo absoluto, até a perfeita ortodoxia, baseada no racionalismo limitado, fideísta, que subordina a razão à fé, a filosofia à religião.[17]

De forma mais ponderada, L. Gauthier procura reler os textos à luz da cultura árabo-muçulmana, reposicionando Averróis em relação à corrente filosófica inaugurada por Avicena e al-Ghazali. Entretanto, antes de tentar mostrar o verdadeiro texto de Averróis, é indispensável verificar de perto as leituras efetuadas por Renan. Nosso exemplo, extraído, não do campo da relação religião/filosofia, mas da área da poética, é interessante por mostrar como o próprio Renan faz uma interpretação errônea de Averróis.

Depois de Ernest Renan e de Jorge Luis Borges, é ponto pacífico afirmar que Averróis perdeu completamente o sentido da tragédia e que seu *Médio comentário à* Poética de Aristóteles extraviou-se nos meandros do contra-senso. Pensamos que não se trata tanto de contra-sensos, mas da adaptação da criação poética a um quadro árabo-muçulmano por um filósofo preocupado em fornecer regras a essa prática e, ao mesmo tempo, realizar sua obra filosófica, ou seja, reencontrar a marca da razão na própria criação poética.

Retomemos o julgamento de Renan, confirmado por Borges:

> Seja como for, os equívocos de Ibn Roschd concernentes à literatura grega são, verdadeiramente, de natureza a

---

17. L. Gauthier, *La Théorie d'Ibn Rushd sur les rapports de la religion et de la philosophie* (1909), Paris, Vrin, reed. 1983, p. 16.

suscitar nosso desdém. Imaginando, por exemplo, que a tragédia não passa da arte de elogiar, enquanto a comédia seria a arte de repreender, ele pretende encontrar tragédias e comédias nos panegíricos e sátiras dos árabes, e até mesmo no Corão.[18]

Um século depois de Renan, eis o que é observado por Borges em *A busca de Averróis*:

> A história apresenta apenas um reduzido número de acontecimentos tão belos e tão patéticos quanto o desse médico árabe que se dedica ao estudo do pensamento de um homem que o havia precedido de catorze séculos; às dificuldades intrínsecas, acrescentava-se o fato de que Averróis, ignorando completamente o siríaco e o grego, trabalhava com a tradução de uma tradução. Na véspera, ao abordar a *Poética*, ele tinha sido impedido de avançar devido a duas palavras duvidosas: *tragœdia* e *comœdia*. Ele já as havia encontrado, alguns anos antes, no terceiro livro da *Retórica*; ninguém, no Islã, conseguia vislumbrar qual seria sua significação. Em vão, ele estudou profundamente os tratados de Alexandre de Afrodísio; em vão, examinou as versões do nestoriano Hunain Ibn-Ishaq e de Abu Bashr Meta. No entanto, as duas palavras arcanas pululavam no texto da *Poética*. Era impossível eludi-las.[19]

De acordo com o severo Renan e o benevolente Borges, Averróis não teria conseguido captar a natureza de uma tragédia nem de uma comédia ao definir a primeira como a *arte de elogiar* e a segunda como a *arte de repreender*.

---

18. E. Renan, op. cit., p. 56.
19. J. L. Borges, "La Quête d'Averroès", in *Aleph*, tr. fr., Paris, Gallimard, 1967, p. 119. [Ed. bras.: *O Aleph*, São Paulo, Globo, 2001.]

Será assim tão seguro que o filósofo andaluz tenha errado? O texto de Aristóteles que chegou até nós é incompleto: falta a parte da *Poética* que diz respeito à comédia e esse já era o caso na época de Averróis. No final de seu comentário, lê-se o seguinte: "O que falta nesse texto diz respeito à arte de repreender".[20]

E como compreender o que é a comédia se faltam os textos relativos a essa arte? Para responder a essa questão é preciso fornecer o método adotado por Averróis nesse comentário. Trata-se de um método no sentido de um *organon*, ou seja, um instrumento genérico utilizado para servir de guia no comentário das obras de Aristóteles. Assim, ao utilizar as distinções operadas pelo Estagirita e os critérios que ele adotou nos *Tópicos* sobre as exigências da definição, Averróis retoma dessa obra dois elementos essenciais: o primeiro é que a ciência dos contrários é uma só; e o segundo é que, para que a definição seja correta, exata, o definido deve ser equivalente à definição, nem mais geral, nem mais particular, mas em uma situação de reciprocidade com ela.

Apliquemos tal postura a nosso comentário: Aristóteles nada afirma em relação à comédia; entretanto, na medida em que a comédia é a arte da sátira e que a sátira é o contrário do elogio, conhecer a arte do elogio é, ao mesmo tempo, conhecer a arte da sátira: com efeito, a ciência dos contrários é uma só. Portanto, é possível deduzir as características da comédia a partir da definição de seu contrário, ou seja, a tragédia, que é definida como a arte do elogio. Ainda fica por estabelecer em que aspecto a tragédia é a arte do elogio. Nesse ponto, intervém o segundo critério extraído dos *Tópicos*, ou seja, encontrar a equivalência entre a definição e o definido.

---

20. *CMP*, § 111, p. 132.

Na *Poética* (1448a 16)²¹, Aristóteles diz-nos que a tragédia é a arte de representar, no sentido de imitar, as ações nobres, a arte de representar os personagens melhores do que os homens de sua época; daí, Averróis deduz que a tragédia é a arte de elogiar.

Será que essa adaptação de Averróis se aparenta a um contra-senso? Se a resposta for afirmativa, é colocado em causa o próprio gênero do comentário como criação filosófica. Comentar é não retomar fielmente um texto, mesmo quando a intenção explícita – e esse é o caso de Averróis – seja restituir, tanto quanto possível, a mensagem primordial do texto comentado. No prefácio de seu livro *O nascimento da clínica*, Michel Foucault indica a complexidade da atividade de comentar:

> [O comentário] interroga o discurso sobre o que ele diz e pretendeu dizer; procura fazer surgir o duplo fundamento da palavra, no qual ela se encontra em uma identidade consigo mesma que, supostamente, está mais próxima de sua verdade; trata-se, ao enunciar o que foi dito, de voltar a dizer o que nunca havia sido pronunciado.²²

Se o comentário é criador de filosofia é antes de tudo porque pressupõe um "excesso do significante em relação ao significado".²³ Pensar que tal excesso se metamorfoseia em contra-senso é pensar o comentário como palavra que

---

21. Aristóteles, *Poétique*, 1448 a 16, tr. fr., Paris, Classiques en poche, 1990, p. 87: "A diferença que permite à tragédia distinguir-se da comédia é a mesma: de fato, uma pretende imitar os piores homens, enquanto a outra procura imitar os homens melhores do que os contemporâneos".
22. M. Foucault, *Naissance de la clinique*, 3ª ed., Paris, PUF, 1993, p. XII (col. Quadrige). [Ed. bras.: *O nascimento da clínica*, Rio de Janeiro, Forense, 2003.]
23. Ibidem.

reproduz o significado ou, em outros termos, como palavra morta.

Portanto, neste livro, tentaremos apresentar um Averróis dentro de seu contexto. Filósofo andaluz (cap. 1), transformou a prática filosófica em um saber efetivo. Leitor escrupuloso do Corão, viu nele um projeto de conhecimento (cap. 2). Apaixonado pela lógica aristotélica (cap. 3), tornou a *demonstração* o modo perfeito do saber, compatível com o projeto corânico. Diante da polêmica relativa à posição do homem no mundo, que agitava os círculos teológicos, Averróis lembra que o valor supremo continua sendo a vida segundo o intelecto (cap. 4). Longe de ser uma renúncia ao mundo, tal credo é, antes de tudo, a condição de uma participação ativa neste mundo sob a forma de uma vida regrada (cap. 5).

1
Filosofia andaluza

Com certeza, a redescoberta de Aristóteles, no que poderia ser chamado contexto andaluz, participa de um racionalismo de Estado, o dos almôadas, como é bem demonstrado no livro de D. Urvoy[1], mas está longe de reduzir-se a isso. Na visão de Averróis, essa redescoberta permite aos andaluzes um distanciamento não só em relação à mística, tão predominante na época, mas também em relação ao modo da argumentação teológica, caracterizado pela paixão da ambigüidade; ora, além de fragilizar a fé, formulando questões sem fornecer o instrumento conceitual necessário para tratá-las – de fato, somente o erudito-filósofo tem pleno domínio da demonstração –, tal procedimento acaba por dividir os indivíduos e ameaçar a ordem social.

Em relação a Aristóteles, sabemos que os comentários de Averróis consistem em levar o aristotelismo a sair, em parte, do neoplatonismo em que havia sido confinado pelos comentadores orientais (al-Farabi, Avicena); mas somente em parte, porque é grande sua dívida em relação ao neoplatonismo, particularmente no que diz respeito a

---

1. D. Urvoy, *Averroès, les ambitions d'un intellectuel musulman*, Paris, Flammarion, 1998.

Temístio[2] – com freqüência citado por Averróis[3] como o comentador grego que permite esclarecer o texto de Aristóteles. Como seria possível retomar esse texto sem levar em consideração o peso das leituras orientais, tais como as de Avicena e al-Ghazali? À primeira vista, pode parecer que esta questão é simplesmente doutrinal. Entretanto, ela se explica por um contexto sociocultural: trata-se de superar os ataques de al-Ghazali (falecido em 1111) contra a prática filosófica, mostrando que:

1) A filosofia não leva ao ateísmo; muito pelo contrário, adota a obrigação corânica de "examinar o reino dos céus e da terra, assim como todas as coisas criadas por Deus" (Corão VI, 75). Tal obrigação inscreve a ontologia como um estudo necessário e, assim, a prática filosófica ganha a qualificação jurídica de ato obrigatório.

2) A própria presença de uma elite, a dos eruditos, celebrados no Corão sob a figura dos "sábios", obriga a refletir sobre o que deve ser objeto de um consenso dentro da sociedade. As hipóteses cosmológicas sobre a natureza do universo apresentadas por tais sábios poderão ser, por exemplo, objeto de um consenso social? De forma mais geral, as questões especulativas deverão culminar em um consenso? O tratamento dessas questões permite situar Averróis no contexto árabo-muçulmano.[4] Em primeiro lugar, analisemos o contexto andaluz e seus problemas específicos.

---

2. Sobre o neoplatonismo de Temístio (filósofo grego, 317-c. 388), ver o artigo de Omer Ballériaux, "Themistius et le néoplatonisme", in *Revue de Philosophie Ancienne*, XII, 2, 1994, p. 171-200.
3. Em particular, no *Médio comentário* e no *Grande comentário* ao tratado *De anima* de Aristóteles.
4. Ver cap. 2, "Programa religioso e realização filosófica".

1. O *paradigma médico*

Entre as raras informações sobre a formação de Averróis, sabemos que, em medicina, teve como mestres Abu Ja'afar bni Haroun al-Tarrajani (ou Tajarli) e Abu Marwan Ibn Jurrayul; como já mencionamos, ele foi médico de Abu Ya'cub Yussuf, que reinou de 1163 a 1184. Em época indeterminada que se estende de 1153 a 1169, Averróis escreveu *al-Kulliyyat fi al-tibb* [Generalidades em medicina], livro que compreende várias divisões, das quais uma sobre anatomia[5], outra sobre a saúde e, ainda, outras sobre doença, sinais (sintomas), medicação e alimentação, preservação da saúde e cura.

Esse texto teria como complemento um livro sobre medicina particular [*Taysir*], tal como aquele que será redigido pelo mestre e amigo Abu Marwan ibn Zuhr – Avenzoar (1073-162) –, considerado por Averróis como o maior médico depois de Galeno: Avenzoar é autor, também, de um *Kitab al-aghdiyya*, espécie de compêndio nutricionista.

Averróis elaborou, igualmente, um comentário sobre a *urjuza* de Avicena[6] (um poema didático que resume seu *Cânon*), cujo início indica que a medicina é a preservação da saúde e a cura da doença, em razão de alguma coisa que ocorreu no corpo. Numerosos pequenos tratados, dos quais alguns são comentários da obra de Galeno, enfatizam

---

5. Ibn Farhun atribui a Averróis esta afirmação: "Quem se ocupa de anatomia faz crescer sua fé em Deus".
6. Excetuando a medicina, Averróis é pouco tributário de Avicena. O filósofo cordovês chega mesmo a acusar Avicena de não ter compreendido Aristóteles ou, no mínimo, de não tê-lo compreendido tão bem quanto al-Farabi; por sua vez, este é citado freqüentemente nos comentários aristotélicos de Averróis que, muitas vezes, está de acordo com sua opinião. Na Espanha muçulmana, "a sorte de Avicena foi muito estranha; desde o início, foi mal acolhido e rudemente combatido", observa A. Badawi, *Averroès*, Paris, Vrin, 1998, p. 177.

a preocupação com a prevenção; assim, uma *maqala* – isto é, um pequeno texto que aborda os principais pontos de um assunto bem determinado – sobre "a preservação da saúde" e uma outra sobre os "meios de cura"[7] indicam que a preservação da saúde pressupõe a preocupação com a digestão e a necessidade de desembaraçar-se do supérfluo por meio de massagens e esporte. Numerosas indicações práticas balizam esses comentários; por exemplo, a idéia de que o pão quente é pouco digestivo e que o pão com fermento é preferível ao pão ázimo.

Averróis usufruía de certa popularidade como médico, e isso é testemunhado por este depoimento de Ibn Farhun:

> Ibn Rushd sentia uma propensão pela ciência dos antigos, da qual se tornara mestre, contrariamente às pessoas de sua época; além disso, tanto em *fiqh* [direito muçulmano], quanto em medicina, suas *fatwa** eram bastante apreciadas com o que isso requer de gramática, literatura e sabedoria.[8]

Esse depoimento poderia ser entendido como sendo a descrição de um letrado, de um humanista; entretanto, ele indica sobretudo a presença de uma competência real e rara. Convém dizer que, em suas recomendações, nosso filósofo poderia parecer um tanto desconcertante. Assim, em seu livro *al-Kulliyyat fi al-tibb*, ele sublinha que a

---

7. Essas duas *maqalat* figuram nas *Rasa'il Ibn Rushd al-tibbiyya* [Os tratados médicos de Averróis], ed. de G. C. Anawati e S. Zayed, Cairo, Centro de Edição da Herança Cultural, 1987.

* Consulta jurídica dada por uma autoridade religiosa em relação a um caso duvidoso ou a uma nova questão. [N. T.]

8. Ibn Farhun, *Al-Dibaj al-madhab fi ma'rifati a'yan ulama' al-maghreb*, Cairo, 1351 da Hégira (1973), p. 284.

leitura de seus textos de medicina exige o conhecimento da lógica e das ciências naturais: com efeito, a lógica é, em seu entender, um instrumento que pode orientar a aprendizagem, tanto das ciências práticas quanto das ciências teoréticas. Desse modo, no âmbito da medicina, considerando que a preservação da saúde passa pela escolha da alimentação conveniente e que isso pressupõe noções lógicas, desenvolvidas por Aristóteles no tratado das *Categorias* – tais como a noção de tempo (quando é o momento apropriado de comer?), da quantidade (quanto?), da qualidade (como?) e da disposição (o estado) –, é importante não menosprezar o instrumento lógico que facilita a análise do médico: em que estado nos encontramos, em tal momento, para receber tal quantidade de alimentos de tal espécie? Trata-se de uma questão médica, *do ponto de vista material*, e lógica, *do ponto de vista formal*.

No pequeno tratado relativo aos "meios de cura", a exigência filosófica em medicina surge de forma ainda mais nítida. Desde o início do tratado, Averróis estabelece a distinção entre o método aceito pelos "médicos antigos e contemporâneos"[9], por um lado, e, por outro, o método técnico que ele quer promover. O primeiro é dialético no sentido de que assenta em premissas comumente compartilhadas: por exemplo, "a cura faz-se pelos contrários" ou "o semelhante conserva o semelhante".[10] Entretanto, segundo Averróis, tal método só permite cobrir a saúde "por acidente". O segundo método, técnico, considera em pé de igualdade a finalidade natural perseguida pelo corpo humano e a finalidade técnica que,

---

9. "Des moyens de guérir selon Galien" [Meios de cura, segundo Galeno], in *RRT*, p. 433.
10. Ibidem.

contrariamente à finalidade natural, não é imanente ao corpo, mas possui sua base no artesão que, por sua habilidade, sabe "derivar" [*istanbata*] o que convém a tal organismo. Na medida em que a cura e, em geral, as coisas relativas à saúde, pressupõem a natureza e, ao mesmo tempo, a técnica, porque estamos de alguma forma em um campo intermediário, o médico deve respeitar a finalidade natural, sem deixar de administrar o remédio. Ignorar a ordem e o estado dos órgãos, não levando em consideração a finalidade própria à natureza na maneira de derivar os meios da cura, só pode redundar, na melhor das hipóteses, em curas acidentais e, no pior dos casos, que, infelizmente, corresponde à maior parte das situações, na administração de um remédio pior do que a doença: então, "a maior parte dos homens morre por causa da medicina".[11]

Nesse desenvolvimento, Averróis utiliza as distinções aristotélicas contra as recomendações de Galeno; nesse aspecto, é o Aristóteles do livro A da *Metafísica* que, pela distinção entre natureza e técnica, permite enfrentar o perigoso método dialético de Galeno.

2. *O intelectualismo da filosofia na Andaluzia*

O paradigma médico é, como acabamos de ver, inseparável de uma reflexão filosófica mais ampla. Os três filósofos mais importantes do século XII – Ibn Bajja, Ibn Tufayl e Ibn Rushd (Averróis) – foram médicos; aliás, foi por esse viés que puderam aproximar-se do poder político. Apesar disso, a filosofia nunca foi, para eles, uma atividade marginal. No conto filosófico *O filósofo autodidata* [*Hayy bnu Yaqdan*], de Ibn Tufayl (1105-85),

---

11. "Des moyens de guérir selon Galien" [Meios de cura, segundo Galeno], op. cit, p. 438.

encontramos a preciosa menção de que as ciências teoréticas chegaram, tardiamente, à Andaluzia e que Ibn Bajja foi o primeiro a desenvolvê-las. O que deixa entender que o espaço social da filosofia no século XII ainda deveria ser conquistado: aliás, tal conquista fez-se, quase sempre, de maneira derivada a partir de outras práticas, essencialmente a medicina e a jurisprudência. Assim, por exemplo, quando Averróis retomou, em 1182, o posto de médico do califa, ocupado por Ibn Tufayl, é precisamente a medicina que permite legitimar e dar um alento à prática filosófica.

Além da filosofia e da medicina, Abu Bakr Ibn Bajja ou Avempace (1077-138) teve atividade política em Saragoça; morreu, envenenado, em Fez. Como no caso de Averróis, são raras as informações sobre sua formação. Sabe-se que serviu aos almorávidas e foi feito prisioneiro por Ibn Tashfin sob acusação de heresia. Em sua época e, pelo menos, durante todo o século seguinte, a prática da filosofia podia suscitar as piores condenações[12]; por isso, os contemporâneos de Ibn Bajja evitavam a atividade filosófica. Entre os poucos escritos que chegaram até nós são-lhe atribuídos os comentários de obras lógicas de al-Farabi, um *Tratado sobre a união do intelecto com o homem* [*risalat al-ittisal al-'aql bil-insan*] e uma obra que o tornou célebre – *tadbir al-mutawahhid* [O regime do solitário] –, na qual desenvolve uma tese de aspecto neoplatônico que consiste na redução do eu ao ser divino; nesse caso, a finalidade da existência humana é a união com Deus por meio de uma ascensão mais intelectual do que mística ou religiosa.

Em seu entender, a vocação do homem é essencialmente intelectual. Pode-se dizer que radicalizou a leitura

---

12. Ver *Rasai'l Ibn Bajja al-ilahiyya* [Os tratados divinos de Ibn Bajja], ed. de Majid Fakhry, Beirute (Líbano), Dar al-Nahar li-al-nachr, 1991.

do tratado *De anima* de Aristóteles sob o efeito de influências plotinianas. O solitário de Ibn Bajja é semelhante àquele que "foge só ao encontro do Só"[13], segundo a expressão de Plotino. O homem, desejoso de imortalidade, não está em relação com a matéria; torna-se, então, luz, juntando-se assim aos profetas, santos, mártires e bem-aventurados. Ibn Bajja insiste sobre o sentido da palavra *tadbir*, que significa o ordenamento das ações para uma finalidade bem determinada e que é esquematicamente traduzida por "regime". É o *tadbir* que permite compreender a possibilidade de dizer a respeito de Deus que ele ordena o universo [*mudabbir al-alam*][14], do mesmo modo que alguém pode falar da organização da sociedade [*tadbir al-mudun*], à maneira de Platão, ou até mesmo da ordem/organização de uma casa. "Uma sociedade virtuosa distingue-se pela ausência de medicina e de jurisprudência", escreve Ibn Bajja, lembrando-se da lição platônica segundo a qual a lei rege as ações humanas porque, de alguma forma, estas abandonaram a virtude. Entretanto, uma sociedade é também unificada pelo amor [*al-mahabba*]. A exemplo do que se passa com Averróis, serve-se também do paradigma médico. Assim, ele retoma de Galeno a idéia preventiva dos meios de conservar a saúde: o solitário tem o dever de afastar os obstáculos para a felicidade, do mesmo modo que alguém afasta os obstáculos para a saúde ou fica vigilante para preservá-la.[15]

Em Ibn Bajja, como em Averróis, encontra-se a temática do homem como meio-termo entre os animais e

---

13. Trata-se das últimas palavras das *Enéades* de Plotino (c. 204-270): "Tal é a vida dos deuses e dos homens divinos e bem-aventurados: libertar-se das pessoas deste mundo, enfadar-se delas e fugir só ao encontro do Só", VI, 9, 11, tr. fr., Paris, Les Belles Lettres, 1981, p. 188.
14. Ibn Bajja, *Tadbir al-mutawahhid* [Regime do solitário], ed. de M. Fakhry, op. cit., p. 37.
15. Ibidem, p. 43.

Deus. Por essa temática, ele enuncia o desafio do encontro e seus diferentes tipos[16]: é possível encontrar alguém de maneira fortuita, sem intenção nem pedido, mas pode ocorrer também que haja uma intenção [*i'timad*] e um movimento em direção a alguém; e isso pode acontecer pelo prazer que compartilhamos com os animais ou em proveito de uma das duas pessoas; nesse caso, trata-se do encontro desejado. Há, igualmente, o encontro de ajuda mútua que é, portanto, o encontro civil. Em seguida, gradualmente, outros encontros situam-se em uma escala de valores, na qual o encontro intelectual encontra-se no ápice: existe, assim, o encontro para aprender que é o encontro intelectual; por sua vez, este pode ser de vários tipos. Finalmente, o encontro divino é o encontro que visa receber ou dar a ciência – é o mais nobre dos encontros. Lembrando-se do trecho do *Timeo*, de Platão, em que a alma é apresentada como mortal e imortal[17], Ibn Bajja diz que "o homem é o meio-termo entre os seres corruptíveis e os seres incorruptíveis".[18] Essa tese é defendida como uma tese naturalista: tudo o que existe na natureza existe de maneira gradual e contínua; assim, é de maneira contínua que o homem passa do corruptível para o incorruptível: "a natureza só consegue passar de gênero para gênero por um intermediário".[19]

Essa vida segundo o intelecto que Ibn Bajja pretende promover contrasta com as exigências da vida comum. No *Tadbir*, de Ibn Bajja, assim como em *O filósofo autodidata*, de Ibn Tufayl, encontra-se a mesma dificuldade para estabelecer o que é uma sociedade virtuosa. Nos

---

16. Ibn Bajja, *Lettre d'adieu*, cap. 6, ed. de M. Fakhry, op. cit., p. 142.
17. Platão, *Timeo*, 72d.
18. Ibn Bajja, *Lettre d'adieu*, op. cit., p. 95.
19. Ibidem.

dois autores, observa-se um distanciamento em relação aos sufis, os místicos muçulmanos, considerados indivíduos que ignoram a prática científica e subestimam a atividade intelectual. Os sufis enganam-se ao pensar que a felicidade pode ser alcançada sem a ciência e que se encontra apenas no despojamento: é por acidente e não por essência que, eventualmente, atingem o estado de felicidade. Contrariamente ao sufi, o solitário tem o dever de estar em contato com os homens da ciência; entretanto, como na maior parte das vezes o número desses homens é reduzido, compete-lhe "separar-se tanto quanto seja possível das pessoas comuns, evitar freqüentá-las a não ser quando isso for necessário e para coisas necessárias", não hesitando emigrar "para centros de ciência se estes existirem". Como conciliar a exigência de solidão com a idéia de que o homem é naturalmente feito para viver em sociedade? A resposta de Ibn Bajja distingue entre o primordial e o factual:

> Tal situação não está em contradição com o que é dito na ciência política nem na ciência natural, em que é mostrado que o homem vive naturalmente em sociedade e que a separação é um mal; de fato, isso é válido em relação à essência; mas, quanto ao acidente, trata-se de um bem.[20]

Para ilustrar essa situação – afinal de contas, paradoxal –, Ibn Bajja recorre a uma metáfora médica: em determinadas situações não naturais, os venenos mortais são benéficos para os corpos; pelo contrário, os alimentos naturais e habituais – por exemplo, o pão e a carne – tornam-se nocivos.

---

20. Ibn Bajja, *Tadbir*, op. cit., p. 90-1.

É esse espírito vigorosamente especulativo que Ibn Tufayl, filósofo andaluz da geração posterior à de Ibn Bajja, reconhece em seu predecessor, o qual teria atingido a "posição" de saber em que a beatitude, completamente intelectual, é a beatitude de quem soube aprofundar as ciências especulativas. Pelo conto filosófico que o tornou célebre, Ibn Tufayl materializa, de alguma forma, as duas exigências, ou seja, a vida em sociedade e o isolamento propício à vida especulativa: Ibn Tufayl imagina um homem, Hayy – literalmente, o vivente –, "nascido sem pai, nem mãe" em uma ilha deserta, e que chega ao conhecimento das coisas sem utilizar a palavra. É *a posteriori* e sob a forma do encontro com um homem, Asal – versado nas ciências e na contemplação –, que procura isolar-se dos outros homens, que Hayy aprende a falar. Ibn Tufayl mostra como o uso da palavra tem inscrito em si mesmo a exigência da sociabilidade e da comunicação: Hayy quer ir ensinar a verdade na ilha habitada de onde tinha vindo seu amigo, e consegue ter essa experiência. O final do conto constata o fracasso de tal programa de ensino; as razões invocadas são as "frágeis disposições" do comum dos homens para a sabedoria, tanto mais que eles estão voltados para a conquista das coisas efêmeras e vãs, demonstrando uma "perseverança dialética"[21] que os desvia definitivamente da verdade. O retorno à sua ilha de origem, em companhia de Asal, consagra o necessário isolamento filosófico para completar o conhecimento que leva à união com o intelecto.

Contrariamente aos místicos sufis, Hayy não evitou, nem pretendeu evitar, a etapa discursiva e social para chegar ao conhecimento de Deus. O retorno à sua ilha como regresso à sua origem conserva os vestígios de seu

---

21. Ibn Tufayl, *Hayy bnu Yaqdan*, 4ª ed., ed. de Albert Nasri, Beirute (Líbano), Nadir, 1993, p. 96. [Ed. bras.: *O filósofo autodidata*, São Paulo, Ed. Unesp, 2005.]

conhecimento a respeito dos outros homens: isola-se depois de ter aconselhado os homens da ilha de Salamã a cumprir as obrigações religiosas e a evitar a interpretação dos trechos obscuros do texto sagrado. Além disso, seu isolamento é relativo: Asal, que, no começo, havia sido sua mediação com os outros homens, continua em sua companhia. Eis a maneira como Ibn Tufayl indica que o homem de ciência tem necessidade de uma comunidade de cientistas para testar continuamente seu saber; eis, também, a maneira de dizer que a vida com os outros homens, ainda que só existisse um, é uma exigência insuperável.

É interessante observar que várias conexões feitas pelo conto de Ibn Tufayl serão encontradas em um grande número de textos da filosofia ocidental, a partir do Renascimento: entre a insularidade e a idealidade, até mesmo a utopia; entre a viagem no sentido geográfico e a viagem da alma em busca da união com Deus.

Entre as temáticas de Ibn Tufayl retomadas por Averróis, encontram-se as seguintes: 1) a existência de categorias de pessoas a quem o saber não pode ser dispensado da mesma forma; 2) a prevenção em relação ao uso da dialética, saber que favorece teoricamente a homonímia dos termos, a ambigüidade e, praticamente, as dissensões entre os homens; 3) o interesse pelas ciências especulativas e a relativização da prática mística.

Averróis radicalizará a lição de Ibn Tufayl: não basta dizer que os especulativos sabem, melhor do que os místicos, o que é a visão intelectual; é necessário, também, reconhecer que, na melhor das hipóteses, o misticismo limita-se a criar a condição para a união com o intelecto, a saber, o ascetismo, mas não os outros recursos que pressupõem o longo trajeto pelas ciências e a utilização da derivação e do silogismo. Uma coisa é desviar-se dos prazeres mundanos; outra é dispor de um conhecimento contemplativo de Deus.

Essa radicalização de Averróis faz-nos também compreender que ele está longe de compartilhar a opinião elogiosa de Ibn Tufayl a respeito de Avicena. Em seu conto filosófico, Ibn Tufayl diz que "ele [Avicena] escreveu esse livro [o livro da cura, *Shifa'*] segundo o princípio dos peripatéticos".[22] Ora, Averróis não cessa de dizer que Aristóteles foi distorcido pelo espírito de inovação de Avicena que, em vez de comentar a obra do Estagirita, procedeu a uma compilação própria.

Do mesmo modo, em relação ao pensador ortodoxo al-Ghazali, Averróis é muito mais crítico do que Ibn Tufayl. Este julga que as obras de al-Ghazali, introduzidas na Andaluzia, semeiam a perturbação porque, à primeira vista, parecem ser contraditórias com os ensinamentos que já tinham sido transmitidos por outros meios; assim, escreve Ibn Tufayl, sua crítica direta aos filósofos – como eruditos que se afastaram do Islã – não deve ser tomada ao pé da letra como tem ocorrido freqüentemente, porque outros textos de al-Ghazali reconhecem a justeza de um grande número de trabalhos filosóficos. Os equívocos cometidos a respeito da obra de al-Ghazali seriam devidos a contingências como a transmissão do saber de região para região, do Oriente para a Andaluzia. Por sua vez, Averróis considera que al-Ghazali é totalmente responsável por esses equívocos porque foi "asharita com os asharitas, sufi com os sufis, filósofo com os filósofos".[23] Ora, tal postura desacredita inteiramente suas diferentes mensagens por uma razão intrínseca, e não extrínseca: al-Ghazali não conseguiu desenvolver seus argumentos em virtude das disposições de seu público, um pouco à maneira de Hayy que, ingenuamente, pretendeu ensinar

---

22. Ibn Tufayl, *Hayy bnu Yaqdan*, op. cit., p. 22.
23. FM, p. 147.

a via da sabedoria a pessoas que não estavam dispostas a escutá-lo. Averróis avalia as conseqüências de tal ingenuidade; ao falar de al-Ghazali, faz a seguinte observação:

> Ao proceder dessa forma, sua intenção visava ao crescimento do número de homens de ciência; entretanto, na realidade, o número de depravados acabou crescendo tanto quanto o número de homens de ciência.[24]

Finalmente, ainda segundo Averróis, al-Ghazali refuta Aristóteles sem o ter compreendido. Assim, o filósofo cordovês tentará apresentar aos andaluzes [*ahl zamanina*] o que al-Ghazali deveria ter feito em seu *Maqasid al-falasifa* [As intenções dos filósofos]: explicar Aristóteles servindo-se do instrumento lógico que ele colocou à nossa disposição e, sendo necessário, utilizar os comentários de al-Farabi, a respeito do qual Ibn Tufayl diz-nos que suas obras mais importantes, introduzidas na Andaluzia, referem-se à lógica.[25]

Segundo parece, Averróis não se preocupou em sublinhar o paradoxo entre a vida solitária, tal como exige a ciência, e uma vida em comum com os homens, tal como requer a natureza sociável do homem. As tensões encontradas nas obras de Ibn Bajja e de Ibn Tufayl dão lugar a uma visão bem mais aristotélica do que neoplatônica: em vez da redução do eu ao ser sob a forma da fuga ou da viagem do "só ao encontro do Só", encontramos uma teoria bastante estruturada da educação, formada por elementos extraídos não apenas da *Ética a Nicômaco*, de Aristóteles, mas também da *República*, de Platão. Apesar de não ter tido acesso à *Política*, de Aristóteles, Averróis é fortemente marcado pelo método aristotélico em seu

---

24. Ibidem.
25. Ibn Tufayl, *Hayy bnu Yaqdan*, op. cit., p. 21.

comentário sobre a *República*; aliás, ele é, também, marcado pelo *Resumo* elaborado por al-Farabi sobre o livro das *Leis*, de Platão.

Averróis considera que a arte política divide-se em duas partes: a primeira, "contida no livro de Aristóteles conhecido [pelo nome] de *Nicômaco*"[26], refere-se aos hábitos adquiridos e às ações voluntárias; a segunda encontra-se, por um lado, no livro de Aristóteles, *Política*, que o próprio Averróis reconhece não possuir e, por outro, na *República*, de Platão, livro que pretende comentar. Essa segunda parte refere-se aos mesmos hábitos adquiridos, que estão enraizados na alma: trata-se de procurar saber como são coordenados de maneira a produzir a ação mais perfeita possível.

Portanto, existe uma complementaridade entre ética e política, que Averróis demonstra de forma sucinta, começando por enumerar as perfeições humanas. Em sua opinião, elas são de quatro espécies:

> as virtudes especulativas [*nadariyya*][27], as virtudes intelectuais [*fikriyya*], as virtudes práticas e as ações voluntárias; todas essas perfeições só existem em função das virtudes especulativas, como uma preparação para alcançá-las.[28]

Reencontramos, aqui, a lição ministrada por Aristóteles no Livro X da *Ética a Nicômaco*[29]; além disso, Averróis

---

26. CMRP, p. 112.
27. Segundo a arabização proposta por al-'Abidi e al-Dahbi em sua bela tentativa de restituir ao árabe o texto hebraico do comentário de Averróis: Ibn Rushd, *Talkhiss al-Siyasa*, Beirute (Líbano), 1998, p. 67.
28. CMRP, p. 112.
29. Aristóteles, *Ética a Nicômaco*, Livro X, 7: "O que é próprio de cada coisa é, por natureza, o que há de mais excelente e de mais agradável para esta coisa. E, por conseguinte, para o homem, isso será a vida segundo o

não deixa de lembrar que todas essas perfeições referem-se à primeira parte da arte política que, segundo ele, faz parte dos princípios enunciados nessa obra de Aristóteles. Depois de ter enumerado e hierarquizado as perfeições humanas, Averróis sublinha "a impossibilidade de uma pessoa chegar a ter todas essas virtudes".[30] Considerando o domínio do possível, todas essas virtudes podem ser encontradas, mas em uma diversidade de pessoas. Eis uma indicação adequada para mostrar o interesse da vida em sociedade, acompanhado pelo interesse de uma segunda vertente da ética, ou seja, a política, no sentido restrito do termo, como arte de organizar a vida em sociedade. A segunda indicação é ainda mais decisiva: é impossível encontrar uma dessas perfeições em um ser humano "sem a ajuda de alguém".

> Por natureza, o homem tem necessidade da ajuda dos outros para adquirir suas virtudes; portanto, com toda a razão, já foi dito que o homem é, por natureza, um animal político.[31]

A definição aristotélica do homem encontra, aqui, sua justificação na necessária complementaridade entre ética e política. Entretanto, essa definição unitária não deve dissimular o fato essencial, a saber: os homens não vivem da mesma forma em determinada sociedade, porque suas disposições são divergentes e, individualmente, não podem cumprir todas as virtudes. A diversidade de naturezas é que permite compreender o fato de que as perfeições exijam também múltiplas realizações; caso contrário,

---

intelecto, se for verdade que o intelecto é o próprio homem em seu mais elevado grau. Essa vida é, portanto, também a mais feliz".
30. *CMRP*, p. 113.
31. Ibidem.

se um único indivíduo fosse capaz de alcançar todas as perfeições humanas, a natureza teria realizado algo de absurdo.[32]

As diferenças nas disposições humanas constituem a legitimação da vida em sociedade, na qual a ajuda mútua permite a complementaridade das funções, funções que serão tão mais bem realizadas quanto mais exclusiva for a dedicação dos homens que as desempenham. Nesse aspecto, reencontramos a lição platônica: na *República* (374 b e c), depois de ter dito que o sapateiro não será, ao mesmo tempo, tecelão, Platão acrescenta:

> do mesmo modo, a cada um dos outros profissionais atribuímos uma tarefa distinta, ou seja, aquela para a qual foram predestinados pela sua natureza individual.[33]

Nunca será demais enfatizar essa visão, que associa uma tarefa a um homem e que, hoje, nos parece ser um pouco obsoleta; muito depois de Platão e Aristóteles, tal visão serviu de orientação para Averróis ao ter de apresentar as condições de uma sociedade harmoniosa – que, antes de tudo, como veremos ulteriormente, são condições de educação.

O que pensar, atualmente, da "mistura" proposta por Averróis entre os pensamentos políticos de Platão e de Aristóteles? De maneira paradoxal, podemos dizer que, em seu *Comentário à* República – ao lembrar-se do tratado sobre as *Leis*, de Platão –, Averróis está mais próximo de Aristóteles do que nunca. Ao levar em consideração o devir histórico das sociedades, em particular o das sociedades

---

32. Ibidem.
33. Platão, *República*, 374 b e c, tr. fr., Paris, Gallimard, 1950, p. 921 (Bibliothèque de la Pléiade).

muçulmanas, e ao basear-se nas condições exigidas por uma sociedade ideal, e não em uma reflexão sobre a justiça, conseguiu colocar no primeiro plano a questão da educação. Nesse aspecto, ele está sendo reconhecido, atualmente, por algumas leituras de Aristóteles, tal como a de R. Bodeüs, que não deixa de sublinhar o equívoco de acreditar que Aristóteles escreve para fornecer as condições de uma constituição ideal:

> Inicialmente, porque se trata da exposição não de uma "constituição" política no sentido estrito e corrente do termo, mas de um plano global da vida em sociedade, em que as questões constitucionais só ocupam uma posição secundária, sem que seja evocada, explicitamente, a forma precisa de um regime político a ser adotado, e em que as questões relativas à educação parecem, pelo contrário, primordiais, por serem da alçada, para Aristóteles, da ordem política e, portanto, do legislador. Em suma, trata-se de um plano análogo ao que é apresentado em *As leis*, de Platão.[34]

Observemos que Averróis multiplica os elementos de ruptura com a filosofia praticada por seus predecessores imediatos, tais como Ibn Bajja e Ibn Tufayl: para ele, a questão já não é a do exercício das virtudes pelo solitário, mas sobretudo pelo cidadão que, ao mesmo tempo, deve ser um homem de bem para responder plenamente à definição aristotélica do homem: *animal político por natureza*.

---

34. R. Bodeüs, *Aristote: la justice et la cité*, Paris, PUF, 1996, p. 33 (Col. Philosophies). Veremos a importância crucial da questão do legislador para um jurista como Averróis, que não pode deixar de refletir sobre as fontes do direito.

Em seu *Comentário à* República, Averróis multiplica as referências à sua sociedade; aliás, em comum com Platão, pretende refletir sobre uma ordem social global em que o papel do profeta-legislador encontra-se confundido com o do filósofo-rei. Leo Strauss sublinha que:

> a revelação, tal como a entendiam os muçulmanos, tem o caráter sobretudo de uma Lei [Torá, *shari'a*] e não tanto de uma Fé. Por conseqüência, nas reflexões dos filósofos muçulmanos e judeus sobre a Revelação, o que aparecia, em primeiro lugar, não era um credo ou um conjunto de dogmas, mas uma ordem social, uma ordem que englobava tudo, regulamentando não só as ações, mas também os pensamentos e as opiniões.[35]

Ele acrescenta que, para Averróis, o legislador – isto é, o profeta –, "além de político, deveria ser um filósofo de primeira ordem".[36] A partir de tal interpretação revolucionária, em que as virtudes do filósofo pagão encontram-se assimiladas às do profeta do Islã, pode-se pensar que, na esteira de al-Farabi, Averróis tira partido da "impunidade específica do comentador ou do historiador para exprimir seu pensamento".[37]

3. *Os andaluzes: uma nação natural*

No conto filosófico de Ibn Tufayl, a presença do tema da insularidade (a ilha em que Hayy cresceu está situada nos confins da Índia; é também em uma ilha que Salamã

---

35. L. Strauss, *La Persécution et l'art d'écrire* (1952), tr. fr., Paris, Presses Pocket, 1989, p. 38.
36. Ibidem, p. 39.
37. Ibidem, p. 43.

habita) pode evocar a Andaluzia, considerada sempre como uma ilha [*al-jazira*] ou, diríamos, como uma península, por nossos filósofos. Durante oito séculos,

> desde o período dos governadores árabes dos anos posteriores à conquista até os últimos dias do reinado nasrita de Granada,[38]

ela foi chamada assim: Andaluzia, al-Andaluz. Nos textos de Averróis – em particular nos trechos do *Médio comentário à* Poética (*CMP*) que vamos analisar –, a Andaluzia aparece como uma região que, em razão da forte sedentariedade dos homens que haviam emigrado da Arábia, Síria e, em seguida, de um país mais próximo, o Marrocos, soube reunir as condições de uma vida política, tal como Aristóteles havia pensado, ou seja, a vida do homem em uma sociedade; nesse caso, o nomadismo dos árabes da Arábia era considerado um real obstáculo para a plena realização do que é humano no homem.

Para fortalecer essa tese, Averróis retoma, no *Médio comentário à* Poética, numerosos trechos poéticos extraídos do patrimônio árabe. Tratava-se de compreender, pelo estudo dessa herança cultural, o que fornece autenticidade à característica de qualquer poesia: a presença de uma finalidade imanente ao poema desde que um certo número de requisitos sejam respeitados. Quais são eles?

Para apresentá-los, convém situar, antes de tudo, a finalidade poética na esteira da finalidade natural; existe uma finalidade natural própria à poesia como existe uma finalidade natural de todos os seres vivos. Essa naturalização da poesia participa de um projeto semelhante ao da naturalização da razão em Aristóteles. A natureza entendida

---

38. E. Lévi-Provençal, *L'Espagne musulmane au Xe siècle*, Paris, Maisonneuve et Larose, 1932; 2ª ed., 1996, p. 5.

como finalidade imanente é princípio de realização diferenciado dos seres e das coisas. Já vimos as incidências dessa tese no domínio ético-político; ainda falta avaliar seu impacto no âmbito da poética. A poética "natural" é, segundo Aristóteles, aquela em que se encontram ritmo, melodia e discurso mimético; podemos pensar, *a priori*, que a definição aristotélica é específica apenas à prática grega. Essa não é a opinião de Averróis, para quem Aristóteles dá uma definição geral, que pode ser aplicada a todas as nações ou à maior parte delas. No primeiro parágrafo de seu *Comentário*, lemos o seguinte:

> O objeto deste discurso é o comentário do livro de Aristóteles relativo à poesia e às regras gerais comuns a todas as nações ou à maior parte delas.[39]

Desde então, convém reencontrar nos diferentes povos existentes as três características da arte poética, a saber: o ritmo, a melodia e o discurso mimético. Averróis fala de "nações naturais" para indicar que são nações em que reencontramos a poesia realizada segundo sua natureza. Assim, por exemplo, na medida em que têm essa arte poética mencionada por Aristóteles, os gregos são uma nação natural, assim como os andaluzes, que encarnam a arte poética aristotélica na poesia dos *muwashshahat*[40] e dos *ajzal*:[41] "trata-se das poesias que os habitantes desta península fizeram derivar [*istanbataha*]".[42]

---

39. *CMP*, p. 53.
40. Poesias que foram desenvolvidas na Andaluzia e cuja especificidade consiste em utilizar ritmos cantados; trata-se de poesias bastante preciosistas e de difícil elaboração.
41. Poesia popular que não se preocupa com a pureza das construções sintáxicas.
42. *CMP*, p. 57.

À semelhança dos gregos, os andaluzes são, portanto, uma nação natural; entretanto, de forma geral, os árabes não o são. Como entender a expressão "nação natural"? A hipótese que consiste em compreender, nesse contexto, a palavra "natural" por pagão é facilmente refutável porque, embora os gregos sejam efetivamente pagãos, os andaluzes não o são; no entanto, são também considerados como uma "nação natural". Além disso, os árabes anteriores ao islamismo não são reputados como uma nação natural e, contudo, são pagãos. De fato, é "natural" o que realiza em si sua finalidade imanente. Estamos, é claro, bem longe do conceito, adotado no século XVIII, de uma natureza universal presente de maneira idêntica em todos os homens, conceito que autoriza apenas o reconhecimento da distinção cultural: identidade de natureza e diversidade de cultura. Nesse ponto, em Averróis, é o próprio conceito de natureza que é diferenciável; assim, as nações são distintas segundo a natureza, e não segundo a cultura. O parágrafo 100 é bem explícito a esse respeito: ao falar da epopéia, e retomando o exemplo grego do discurso homérico, considerado por Aristóteles como o discurso épico por excelência, Averróis diz-nos:

> Tudo isso é específico [aos gregos] e não existe entre nós, ou porque o que ele menciona não é comum à maior parte das nações [*umam*] ou porque, entre os árabes, existe de maneira acidental [*'arad*] um elemento estranho à natureza, o que é a razão conveniente porque, em seu livro, ele não procurou estabelecer o que é específico aos gregos, mas, de preferência, o que é comum às nações naturais.[43]

---

43. Ibidem, p. 127.

Esse elemento estranho à natureza não é, evidentemente, a cultura: como acabamos de afirmar, a oposição verifica-se não entre natureza e cultura, mas entre natureza realizada ou não realizada. O que impede os árabes não andaluzes de serem integralmente uma nação natural é o nomadismo; somente a nação da cidade e da sedentariedade é natural. A poesia árabe dos árabes anteriores ao Islã, que glorifica a tribo, não pode ser uma poesia natural; no entanto, o texto sagrado ajuda os árabes a se tornarem uma nação natural. Não obstante a inexistência do equivalente a Homero, há algo que toma seu lugar: a narrativa do texto sagrado. Teria sido desejável que Averróis tivesse desenvolvido essa analogia entre a epopéia e a narrativa sagrada que é apenas mencionada no § 98; todavia, essa menção é importante porque afasta a possibilidade de opor a natureza à imposição da lei revelada: uma nação pode ser natural com – ou sem – a lei revelada; a realização de sua própria natureza, o cumprimento de sua finalidade imanente, pode ser empreendida em um quadro tanto pagão quanto religioso. A religião pode ajudar para a realização da tarefa natural; aliás, esse é o caso dos andaluzes, que souberam sedentarizar-se pelo e segundo o Islã, mas essa razão suficiente não é exclusiva.

Nesses trechos relativos tanto à poética quanto à política, Averróis mobiliza distinções filosóficas, em geral oriundas de Aristóteles, para pensar os materiais fornecidos por sua cultura árabo-muçulmana e sua formação jurídica e religiosa. O que desperta seu interesse não é tanto a conciliação entre religião e filosofia, mas a justificação da prática filosófica pelo próprio texto sagrado. Essa prática torna-se obrigatória desde que realize o programa corânico da busca do saber.

2
Programa religioso e realização filosófica

Escrito, provavelmente, por volta de 1180, o livro *Fasl al-maqal* – cuja tradução habitual é *Tratado decisivo* ou *Discurso decisivo* – poderia ser também traduzido por *Distinção de discursos* – entre discurso filosófico e discurso religioso –, conforme a criteriosa observação de Abdelmajid al-Ghannouchi[1]; aliás, em vez de harmonizar religião e filosofia trata-se de refletir sobre a relação [*al-ittissal*] entre uma e outra.

A atitude crítica de Averróis dizia respeito à teologia e não à religião, mesmo que seus detratores tivessem pretendido criar essa confusão. Sua crítica – às vezes violenta – contra a teologia emana de uma dupla prática: jurídica e filosófica. Como juiz muçulmano, isto é, magistrado encarregado da aplicação das normas, Averróis ataca a especulação dos teólogos, baseada em um método exclusivo que não reserva espaço suficiente para a diversidade dos pontos de vista nas matérias em que a dúvida é permitida, ou seja, em todos os assuntos, salvo os cinco pilares do Islã*; e, como filósofo, ele coloca em causa o método

---

1. Abdelmajid al-Ghannouchi, in revista *Prologues*, nº 15, Casablanca (Marrocos), inverno de 1998, p. 29.

* Profissão de fé em Alá, Deus único; oração (cinco vezes por dia) precedida de abluções purificatórias; esmola legal destinada aos pobres; jejum

dos teólogos, julgando-o homônimo, no sentido aristotélico do termo, ou seja, apropriado para produzir raciocínios sofísticos e erísticos ao favorecer a ambigüidade dos termos. Em sua obra *Fasl al-maqal*², além de associar os dois métodos – o do juiz e o do filósofo –, utilizando um instrumento comum a ambos, ou seja, o silogismo, Averróis os opõe ao método dos teólogos, a dialética (nesse contexto, a palavra "dialética" [*jadal*], que significa "disputa", é tomada em sentido pejorativo).

Tanto em seus textos de metodologia religiosa quanto nos comentários aristotélicos, Averróis adota o mesmo procedimento: apresentar os diferentes pontos de vista, evitar a submissão a qualquer escola, analisar os argumentos e, relativamente ao direito, deixar a conclusão ao leitor-ator do direito no que diz respeito a todos os casos de controvérsia jurídica.

Para nosso filósofo, trata-se então de mostrar dois pontos:

- Na medida em que somos seres "criados" por Deus, este dá a salvação e a razão a todos. Eis o sentido inclusivo da razão, a qual, para Averróis, comumente é compartilhada; além disso, a mensagem religiosa afirma apenas o que pode ser obtido por razão dedutiva. Somente a paixão pela ambigüidade dos teólogos cria divisões ausentes da relação demonstração-retórica.

- A mensagem religiosa está perfeitamente adaptada àqueles que não têm acesso à demonstração. Nem por

---

no mês de Ramadã; e peregrinação, ao menos uma vez na vida, a Meca. A esses pilares, Maomé (570 ou 580-632) acrescentou, já no final da vida, um sexto – o da guerra santa [*jihad*] contra os infiéis: "Deus ama os que combatem pela sua causa". [N. T.]

2. *Fasl al-maqal* [*Discours décisif*], tradução francesa de Léon Gauthier (1948), reeditada em 1988 pelas Éditions Sindbad; há outra tradução francesa, de Marc Geoffroy, publicada pela Flammarion em 1996.

isso deixam de ter razão, mas manifestam uma razão básica, rudimentar, que está presente nos *trechos* retóricos e nas obras poéticas. A religião é tão racional quanto qualquer outra prática "mental"; a única diferença encontra-se nas formas de expressão.

1. *O Corão: um texto programático*

Platão teve de lutar contra os sofistas e os maus poetas; por sua vez, Averróis enfrentou os teólogos. Ao comentar a *República*, do filósofo grego, não hesita em tomar como exemplo de pessoas perniciosas para a sociedade, não os poetas que nos levam a acreditar que as divindades são ordenadoras do bem ou do mal[3], mas os teólogos dialéticos que defendem o sofisma segundo o qual todas as ações em relação com Deus são boas; se este fosse o caso, não haveria bem em si, mas somente um bem por decisão divina...

Nos dois casos, seja o dos maus poetas ou o dos teólogos, trata-se de combater a pretensão de saber algo, de lutar contra aqueles que se julgam profissionais da sabedoria; nesse caso, "o mal que vem de um amigo" é "mais penoso do que o mal que vem de um inimigo".[4]

Quem são, portanto, esses teólogos que estão próximos dos filósofos e, ao mesmo tempo, causam prejuízo à filosofia? A partir do século IX, o *kalam* – literalmente, "palavra" – acaba por tornar-se um gênero de comentário de teologia escolástica sobre questões tais como a

---

3. Platão, *La République*, Livro II, 379e, tr. fr., Paris, Gallimard, p. 930 (Bibliothèque de la Pléiade): "Quanto a pretender que, em relação a alguém, a Divindade – cuja essência é ser boa – possa ser a autora de males, toda a nossa energia deve empenhar-se em impedir que isso seja dito por quem quer que seja em sua Cidade, se desejarmos que esta seja bem governada".

4. *FM*, p. 171.

criação ou não da palavra divina, a inerência ou residência dos atributos em Deus.[5] Formaram-se duas escolas principais: por um lado, os *mutazilitas*, os "separados", em grande parte aristotélicos e racionalistas; por outro, os *asharitas*, ortodoxos, e em geral atomistas e fideístas. A diferença essencial é que estes últimos recusam que Deus possa ser obrigado pela razão; além disso, seu atomismo serve para justificar a tese criacionista. Eles são os interlocutores privilegiados de Averróis: no século X, sua escola fixou a ortodoxia no Islã.

Os asharitas, entre os quais podemos citar Baqillani e Juwaini, são conhecidos por terem defendido uma forma de atomismo cujo alcance teológico é explicado por Averróis desta forma: os asharitas defendem a tese de que o mundo é criado, utilizando o argumento de que os corpos são compostos por partes indivisíveis e que toda parte indivisível é criada.[6] Sua argumentação é dialética, porque não apresenta as razões últimas, as razões demonstrativas; em particular, ela permanece enredada nos paradoxos da vontade divina mutável (por que Deus teria escolhido, em determinado momento, criar o mundo? Como conciliar essa mudança da vontade com sua imutabilidade?). Além disso, tal reflexão é inacessível à massa dos crentes. O perigo é, então, que a existência de

---

5. Atributos de essência e atributos de ato: os primeiros são considerados residentes em Deus, enquanto os outros são adventícios, segundo o ponto de vista dos asharitas e dos mutazilitas.

6. Averróis, *Kitab kashf al-manahij al-adilla fi 'aqa'id al-milla* [Livro do desvelamento dos métodos das provas relativas aos dogmas da religião], datado de 1179, ed. de M. A. Al Jabri, Beirute (Líbano), 1998, p. 103. O *Kachf* é uma resposta ao mestre de al-Ghazali, *Abu al-ma'ali al-juwayni* (asharita), que havia escrito *al-irshad ila qawati'al-adilla fi usul al-i'tiqad* [Indicações das provas decisivas nos fundamentos do dogma]. Trata-se da mesma questão: a das provas que servem de fundamento aos dogmas do Islã.

Deus se torne problemática para esse público quando, entre pessoas cultas, a questão incide apenas sobre as modalidades da criação e não sobre a existência de Deus.

Segundo os asharitas, não há ordem necessária das coisas; para Deus, existe o hábito de seguir uma certa ordem, sem que tal hábito se torne obrigatório para ele; átomos, acidentes e corpos só existem em cada instante, criados por Deus – esse "ocasionalismo" permite-lhes salvar a onipotência divina. Por conseguinte, não há princípio de causalidade porque pode haver uma ruptura em cada momento: é o hábito que nos leva a afirmar que B é a seqüência de A, sem que haja uma conexão necessária entre os elementos; se a palha queima não é porque lhe ateamos fogo – tudo o que se pode dizer é que tal fenômeno ocorre após um outro. O homem só pode ter acesso à regularidade dos fenômenos. A ênfase epistemológica dessa tese é apresentada por al-Ghazali, que ataca a filosofia em sua pretensão demonstrativa e em sua forma de encarar o necessário.

Diante do desenvolvimento das escolas de interpretação religiosa, a atitude crítica de Averróis assentará no fato de que, no Islã, os teólogos não são investidos de nenhuma autoridade religiosa. Podemos dizer que Averróis tinha um duplo projeto:

1) Separar a teologia da ontologia: para ele, tratava-se de retomar as questões ontológicas, desembaraçando-as, ao mesmo tempo, das interpretações teológicas. Por exemplo, ele abordará a questão do caráter acidental ou não do ser – aspecto em que se distingue de Avicena – do ponto de vista filosófico e não teológico.

2) Desfazer o vínculo entre teologia e direito: tratava-se de estabelecer a separação entre reflexão sobre as normas e reflexão sobre os dogmas. Tradicionalmente, as posições jurídicas identificavam-se com esta ou aquela escola

de direito; Averróis, por um lado, romperá o isolamento das escolas, ao dar ao leitor a possibilidade de formar um juízo próprio e, por outro, basear-se-á em Aristóteles para criticar os juristas de seu tempo [*mutafaqqihat zamanina*]. O trecho comentado na *Bidayat al-mujtahid* [Começo para o diligente e fim para o resignado] é o que se encontra no final das *Refutações sofísticas*; nessa obra, Aristóteles diz que transmitir uma arte não é "apresentar várias espécies de sapatos de todos os feitios" (184a). Os teólogos visados por Averróis são como os mestres da retórica criticados por Aristóteles:

> Eles imaginavam que a educação consistia em ensinar não a arte, mas seus resultados: é como se, ao pretendermos transmitir a ciência de evitar machucar os pés, ensinássemos a alguém não a arte de fabricar sapatos, nem mesmo de encontrar o método apropriado, mas nos limitássemos a apresentar-lhe várias espécies de sapatos de todos os feitios; eis a forma de prestar-lhe uma ajuda prática, mas não de transmitir-lhe uma arte.[7]

Averróis observa, então, que os juristas de seu tempo "julgam que o sapateiro é quem possui uma grande quantidade de sapatos e não aquele que é capaz de fabricá-los sob medida".[8] Portanto, convém exercer seu juízo, dar provas de *ijtihad* [esforço de interpretação]. Assim, a respeito de questões de controvérsia jurídica, é necessário manter-se informado das interpretações propostas pelas escolas e decidir depois de ter procedido pessoalmente à ponderação dos argumentos. Averróis recusa o alinhamento em uma posição doutrinal, *a fortiori*, quando se

---

7. Aristóteles, *Réfutations sophistiques*, 184a, 1-7, tr. fr., Paris, Vrin, p. 138.
8. Averróis, *Bidayat al-mujtahid*, II, 194.

trata de uma interpretação religiosa que não é exigida por nenhuma prática social, tal como ocorre com o direito.

O ponto de vista adotado por Averróis é o da recepção de uma norma, não o de sua interpretação escolástica; ponto de vista de jurista, acompanhado pelo ponto de vista do filósofo que aposta na capacidade do homem para conhecer.

No início do tratado *Fasl al maqal* [Discurso decisivo], o Corão é apresentado como um texto em que se lê um projeto de conhecimento porque seria possível encontrar em suas páginas não o saber, mas uma *injunção para conhecer*. A primeira conseqüência dessa postura consiste em romper o isolamento do saber, não limitá-lo ao conhecimento e à prática religiosa, abri-lo, de preferência, para uma ontologia possível, totalmente desconectada da teologia. Falar de Deus como se fosse o artesão [*sani'*] e de sua criação como se fossem entes [*mawjudat*] tem a ver, certamente, com uma prática filosófica, mas a Revelação acaba afirmando a mesma coisa:

> Que a Revelação nos leve a refletir sobre os entes, fazendo uso da razão, e exija de nós que os conheçamos por esse meio, eis o que, com toda a evidência, é mostrado nos vários versículos do Livro de Deus.[9]

Os versículos citados por Averróis têm um valor formal: trata-se de ler o Corão não como um texto confinado em si mesmo, um texto que fornece o saber positivo e material de uma só vez, mas como um texto-programa que incita o homem a usar a razão para conhecer. Entre esses versículos, um invoca a capacidade humana para

---

9. *FM*, p. 105.

conhecer[10]; outro, o domínio em que essa capacidade é chamada a exercer-se, o conhecimento do universo.[11]

Texto não exaustivo, o Corão é válido pelas obrigações salutares nele contidas – entre as quais, Averróis coloca em primeiro plano a obrigação de conhecer o universo – e não pelas insensatas disputas a que pode dar lugar este ou aquele trecho sobre o álcool ou as mulheres. Trata-se de um texto que abre para o mundo; é forçoso reconhecer que este mundo é feito também de não-muçulmanos e que estes realizaram, talvez, uma parte do saber a que, por obrigação imperativa do Corão, devemos conhecer. Considerando que um homem sozinho não pode saber tudo e que outros povos possuem um certo saber, a Lei (religiosa) incita-nos a ler, segundo Averróis, a produção dos não-correligionários:

> Se outras pessoas já procederam a alguma pesquisa nesta matéria, é evidente que temos a obrigação, relativamente ao que orienta nossa caminhada, de recorrer ao que foi dito por aqueles que nos precederam. Pouco importa que tais pessoas sejam ou não de nossa religião.[12]

O Corão é, portanto, um programa para o saber e não tanto um saber de fato; trata-se simplesmente de descobrir o meio de aumentar o saber e de *extrair* o desconhecido do conhecido. Para descrever esse meio, Averróis utiliza a palavra *istinbat*, que pode ser traduzida por

---

10. Corão, LIX, 2: "Vós, dotados de clarividência, aprendei a lição", tr. fr. de J. Berque, Paris, ed. Sindbad, 1990, p. 602. [Para as citações do Corão, foi utilizada a versão portuguesa feita diretamente do árabe por Samir El Hayek (São Paulo, Tangará, AS, 2ª ed., 1977). (N.T.)]
11. Ibidem, VII, 185: "Não reparam no reino dos céus e da terra, assim como em tudo quanto Deus criou...?".
12. *FM*, p. 109-10.

inferência ou derivação; trata-se de extrair, de fazer sair [*istikhraj*], o que ainda não se sabe do que já é conhecido. A forma silogística descoberta pelos antigos é perfeitamente apropriada para esse saber, em particular a forma demonstrativa, porque

> esse procedimento de análise, evocado e incentivado pela Revelação, é, necessariamente, o mais perfeito e recorre à mais perfeita espécie de silogismo, que se chama "demonstração".[13]

Se, na época de Averróis, seus correligionários estavam bem familiarizados com o silogismo jurídico – também chamado analógico porque assimila um caso a outro em virtude de uma relação de semelhança –, o silogismo demonstrativo continuava sendo o instrumento de uma elite. Averróis não pretende torná-lo acessível a todos, mas quer mostrar que o verdadeiro conhecimento passa pelo domínio desse tipo de silogismo, com exclusão do raciocínio dialético, que é usado e abusado pelos teólogos. O silogismo jurídico é, certamente, um meio de conhecimento, mas menos perfeito do que o silogismo demonstrativo; de qualquer forma, trata-se de uma justificação prática da necessidade de recorrer ao raciocínio e evitar confinar-se na literalidade do texto sagrado.

2. A *justificação da prática filosófica:* o estatuto do silogismo

Certos mitos são superados de forma lenta; Averróis luta contra o mito segundo o qual, por um lado, o advento do Islã pôs termo a uma era de ignorância e, por outro,

---

13. Ibidem, p. 106-7.

o Corão contém tudo aquilo de que o homem tem necessidade. Para combater tal mito, o filósofo cordovês advoga a necessidade de um saber inferencial: o confronto sem mediação com o texto sagrado é, na realidade, pura ficção. Considerar o silogismo racional como uma "inovação" [*bid'a*] condenável por não ser mencionado diretamente pelo texto sagrado é esquecer que, no mesmo texto, não há nenhuma referência ao silogismo jurídico, cuja prática não acarreta nenhum problema:

> O estudo do silogismo jurídico e de suas espécies foi também concebido posteriormente às primeiras épocas do Islã; entretanto, ninguém afirma que seja uma inovação censurável.[14]

Com toda a certeza, os textos dos filósofos gregos e, por conseguinte, as diversas formas do silogismo aristotélico só estiveram disponíveis em terras do Islã a partir do século IX, mas é falso julgar que, entre o século VII, data da Revelação, e o século IX, os muçulmanos não tenham utilizado os recursos do raciocínio para compreender e praticar o Corão. O argumento de Averróis consiste em indicar uma comunidade de natureza entre todas as formas de raciocínio para justificar, em um segundo momento, a prática de sua diversidade. Dois séculos depois dele, Ibn Taymiyya, em sua reação contra a pregnância da lógica grega no saber muçulmano, utilizará ainda o mesmo argumento fustigado pelo cordovês:

> No que diz respeito às ciências herdadas dos profetas em sua pureza, a jurisprudência e seus fundamentos estão, certamente, associados a elas; entretanto, essas

---

14. Ibidem, p. 109.

ciências são tão veneráveis e tão sublimes que ninguém pensa que seus membros tenham prestado atenção à lógica; de fato, durante os [primeiros] três séculos, ou seja, os mais eminentes, nenhum membro desta comunidade – "sois a melhor nação jamais produzida pela humanidade"[15] – havia prestado atenção à lógica, nem perdido tempo com ela.[16]

Por sua vez, Averróis vê a exigência lógica presente no direito; aliás, ela é facilmente identificável na análise do silogismo jurídico. No domínio da jurisprudência, deparamo-nos com o problema de estender a regra prevista para um caso a casos aparentados. A lei religiosa não pode prever todas as situações. A prática da analogia não é um problema de interpretação: trata-se de um problema levantado pelas novas situações ao texto, não um problema do sentido do texto. O texto é colocado à prova diante das novas situações; nesse caso, devem-se procurar as semelhanças entre a situação descrita pela lei e a nova situação que não se enquadra na lei vigente. Do mesmo modo que, na ordem metafísica, existe o ser e, em seguida, suas flexões acidentais, assim também, na ordem do direito, existe a lei e, em seguida, as analogias de atribuição ou de proporção que permitem relacionar uma nova situação com uma antiga ou, mais exatamente, de reduzi-la ao caso previsto pelos textos; de fato, o essencial consiste em evitar a multiplicação das leis.

O raciocínio (silogismo) jurídico [*qiyas al-shar'i*] está baseado em uma analogia com quatro componentes: 1) o caso de base; 2) o caso derivado assimilado; 3) a causa ou

---

15. Corão, III, 110.
16. Ibn Taymiyya, *Naqd al-mantiq* [Refutação da lógica], ed. M. Bnou 'Abd al-Razzak Hamza, Cairo, s. d., p. 169.

semelhança segundo a qual se procede à qualificação legal; 4) o julgamento [*hukm*] ou qualificação legal. Existe uma transferência de julgamento do caso original previsto pelos textos (Corão, Ditos proféticos) para o caso assimilado (nova situação para a qual nada está previsto) quando, ao compartilhar a mesma causa, os dois casos são considerados equivalentes. O silogismo ou *qiyas*, entendido no sentido jurídico, é, portanto, o fato de relacionar um caso derivado com um caso fundamental, confirmando o julgamento ou infirmando-o, segundo uma causa que também está presente no caso derivado. Quando o julgamento é oriundo do caso derivado, este pode, por sua vez, desempenhar o papel de caso fundamental.

O parentesco formal desse raciocínio com o silogismo aristotélico é maior do que pode parecer à primeira vista: o termo médio no silogismo é a causa na analogia; a relação do termo médio com os termos menor e maior é equivalente à relação existente entre a causa e os casos original e assimilado. Tudo o que é exigido para determinar a verdade ou certeza da premissa universal em um silogismo será exigido também para comprovar que a causa é concomitante ao julgamento. Essa prova mantém-se no domínio do provável, o que constitui uma vantagem da analogia em relação ao silogismo. Diferentemente do silogismo, a analogia serve-se do particular como base para estabelecer a conclusão; o conhecimento de que determinado particular implica um outro particular é considerado mais conforme à inteligência natural de todo o mundo do que o conhecimento de que todo particular subsumido sob uma proposição universal conduz a uma conclusão. Eis por que o silogismo jurídico não é somente o apanágio da elite, sendo acessível a todos.

Considerando tais parentescos entre o silogismo aristotélico e a analogia jurídica, não se pode – de acordo com Averróis – condenar a prática silogística como uma atividade herética que perturba a leitura do texto religioso; muito pelo contrário, o texto religioso é iluminado por esse método de raciocínio, do mesmo modo que a lei é iluminada pela interpretação do juiz; não se pode privilegiar a analogia jurídica e condenar o silogismo oriundo da filosofia aristotélica a pretexto de que a atividade silogística é uma prática importada.

Tanto em sua versão jurídica quanto na especulativa, o texto sagrado exige que lhe sejam aplicados métodos de investigação em que prevaleça o intelecto. Esse texto existe para ser *lido*; portanto, convém construir métodos de leitura que lhe sejam adaptados.

3. A receptividade do texto religioso

A oposição teológica entre as duas escolas predominantes – ou seja, os asharitas e os mutazilitas – é sensível em relação a vários temas, em particular o que poderia ser chamado a "confecção" do Corão. Os asharitas entendem que ele é incriado porque é a palavra de Deus. Os mutazilitas, por sua vez, defendem que é criado porque a unicidade absoluta de Deus é incompatível com uma coeternidade entre Deus e sua palavra; sem contar que, se o Corão fosse eterno, isso significaria que tudo o que é relatado nele (a história dos profetas judeus, a vida de Maomé e da jovem comunidade muçulmana) teria sido decidido por Deus desde toda a eternidade, o que tornaria impossível a crença na contingência. Além disso, se a palavra comunica algo, Deus só pode falar em uma língua compreensível para quem o escuta; de fato, para que uma palavra possa comunicar-se, é necessário que exista uma convenção anterior relativa à significação das combinações das letras que constituem a palavra – é necessário que exista uma língua. Assim, a natureza "comunicativa" da palavra implica também que a palavra de Deus não possa ser eterna porque, se Deus fala antes da criação do mundo, quando ainda não existe homem para escutá-lo, sua palavra é inútil; ora, sendo perfeito, Deus não realiza coisas imperfeitas e inúteis.

Apesar de estar próximo da posição dos mutazilitas, isto é, teólogos que procuram salvaguardar a deliberação e a responsabilidade humanas – e que, em relação à língua, defendem uma concepção convencionalista –, Averróis nunca menciona essa semelhança de modos de ver. Para tal postura, podemos apontar, entre outras, as seguintes razões:

1) Os textos dos mutazilitas só chegaram à Andaluzia como palavras citadas por seus adversários.

2) O problema tem relação com o procedimento global do teólogo, na medida em que seus argumentos permanecem dialéticos e não se elevam ao plano demonstrativo.

Assim, por exemplo, quanto aos *futuros contingentes*, a discussão do problema aristotélico requer a análise do princípio do terceiro excluído, assim como o binômio potência/ato, que permite compreender a natureza do possível na medida em que está relacionado com o que se encontra emparelhado à racionalidade, isto é, a vontade.

Averróis não formulará, portanto, a questão teológica da criação da palavra divina; todavia, segundo um método aristotélico que impede colocar tudo em questão, contentar-se á em dizer que, do ponto de vista da audição, do que é escutado, não há nenhum milagre da palavra divina: é possível entendê-la, compreendê-la, interpretá-la, mas sem nos ocuparmos do resto, ou seja, da gênese dessa palavra; o livro de Deus, "do ponto de vista da audição, não é algo miraculoso como o é a metamorfose da vara em serpente".[17] Ele o é do ponto de vista de sua

---

17. *TT*, p. 515.

constituição, mas não de sua possível compreensão; ora, sua constituição, como algo miraculoso, não está sujeita a discussão.

Eis por que não há nenhuma dificuldade; aliás, sua demonstração é fácil como, por exemplo, o fato de a neve ser branca não ter nenhuma relação com a dialética. Entretanto, aquilo cuja demonstração é muito mais difícil também não assume uma forma dialética, ou seja, não é suscetível de produzir a apresentação argumentada de duas teses contraditórias. Existem questões que não podem ser abordadas como problemas dialéticos – por exemplo, a questão do milagre. A supressão da regra segundo a qual nem tudo é dialetizável implica, imediatamente, abrir a via não tanto a dissensões, mas a sofismas.

Em conformidade com esse princípio, Averróis elaborou uma teoria da receptividade do texto sagrado pela qual procede à conciliação das distinções tanto aristotélicas quanto corânicas. Ele adota três formas de argumentação aristotélica (retórica, dialética, demonstrativa) que suscitam um assentimento; além disso, são apresentadas como métodos induzidos pelo próprio texto sagrado.[18] Averróis cita o versículo em que, segundo ele, é possível encontrá-las:

> Convoca os homens para o caminho do teu senhor por meio da sabedoria e da bela exortação; e discute com eles da melhor forma (XVI, 125).

A sabedoria é assimilada à filosofia, a bela exortação à retórica e a discussão à dialética. "A melhor forma" pressupõe a existência de um modo não tão bom de conduzir o debate. Averróis empenha-se em mostrar que, de fato, existem duas maneiras de praticar a dialética: uma

---

18. *FM*, p. 119.

que é preparatória para a ciência e outra que se encontra no mesmo plano da sofística. O procedimento dos teólogos será assimilado a uma prática sofística e a dialética mencionada por Aristóteles nos *Tópicos* será considerada uma preparação para a ciência da demonstração. Antes de voltar a essa dupla orientação da dialética, vejamos com um pouco mais de atenção as implicações da distinção entre os três métodos de argumentação.

Na realidade, existem três vias apresentadas pelo próprio texto sagrado: a sabedoria, a bela exortação e a discussão. Por dirigir-se ao maior número possível de pessoas, a revelação utiliza os métodos de assentimento próprios a tais pessoas, a saber: retórico e dialético. E a preferência é atribuída ao primeiro por ser mais geral do que o segundo:

> Além disso, considerando que, entre esses métodos de produção do assentimento, existem uns que são comuns à maior parte dos homens, ou seja, o retórico e o dialético – o primeiro sendo comum a um número maior de pessoas do que o segundo –, e um outro método que é particular a uma minoria de pessoas: o demonstrativo; e considerando que a finalidade primeira da Revelação consiste em preocupar-se com o maior número possível de pessoas – sem omitir a transmissão de sinais para a elite –, os argumentos explicitamente utilizados pelo Texto revelado têm a ver, em sua maior parte, com os métodos de produção da representação e do assentimento comuns ao maior número de pessoas.[19]

De fato, convém utilizar a dialética com circunspecção porque esse método pressupõe uma capacidade igual por

---

19. Ibidem, p. 153.

parte do questionador e do respondedor; ora, como este – no caso concreto, o público – não dispõe de recursos para invalidar a conclusão que o questionador pretende tirar, a dialética é um método que facilmente pode derivar para a sofística. Além disso, convém evitar a apresentação de questões que exijam um tratamento demonstrativo (por exemplo, sobre a modalidade da vida futura) a um grande número de pessoas.[20] Ora, os teólogos apresentam de forma especulativa tais questões; segundo Averróis, esse procedimento é causa de descaminho: são raras as pessoas capazes de utilizar o método demonstrativo e é ainda menor o número daquelas que são capazes de receber a demonstração. É impossível que os teólogos se assimilem às pessoas que entendem a demonstração, sem lhes causarem prejuízo; também é impossível que, ao tentar dar a seus argumentos um aspecto aparentemente demonstrativo, não prejudiquem o grande público. O procedimento aconselhável consiste em partir sempre do público ao qual é dirigido o discurso para verificar seu maior ou menor grau de adequação; a justificativa para utilizar o método interpretativo não deve levar em consideração o texto, por mais obscuro que seja, mas seu receptor.

Essa diversidade de métodos é uma estratégia destinada a combater os teólogos, para quem existe apenas um método – o dialético – para chegar ao texto:

> Eles ignoravam o que eram os diversos métodos, concernentes à totalidade dos homens, por meio dos quais a Revelação convida cada um a transpor as portas, [...]

---

20. Convém que a apresentação de questões especulativas, tais como aquelas que dizem respeito às modalidades e características da vida futura, seja feita não sob o modo dialético (ou poético, ou retórico), mas sob uma forma demonstrativa; caso contrário, a fé e a sabedoria seriam prejudicadas.

eles julgavam que se tratava de uma via única. Assim, enganaram-se quanto ao desígnio do legislador, desencaminharam-se e desencaminharam outros.[21]

Assim, as diversas maneiras de assentir servem para justificar a existência do manifesto e do oculto no texto. Não há, portanto, um sentido manifesto e um sentido oculto de maneira intrínseca, mas unicamente em relação à receptividade do texto:

> É por essa razão que o sentido do texto revelado desdobra-se em sentido óbvio e sentido oculto: o óbvio refere-se aos símbolos utilizados para tais noções, enquanto o oculto está relacionado com as noções que são reveladas apenas às pessoas que entendem a demonstração.[22]

Assim, abordar demonstrativamente uma questão para alguém que não consegue compreendê-la é produzir a infidelidade:

> Expor algumas dessas interpretações a alguém que não é capaz de apreendê-las – em particular, as interpretações demonstrativas, em razão da distância que as separa dos conhecimentos comuns – conduz à infidelidade não só aquele a quem ela é exposta, mas também aquele que as expõe.[23]

---

21. *FM*, p. 167. Os asharitas e os mutazilitas são citados como se estivessem ocupados na interpretação dialética do texto. Os primeiros muçulmanos não chegaram a correr o perigo de expor uma interpretação. Assim, ao ser questionado sobre uma surata, Abu Bakr (sucessor do profeta) teria afirmado: "Que céu me cobrirá e que terra me carregará se eu for explicar a palavra de Deus?", *FM*, p. 168. Segundo o filósofo cordovês, o surgimento das escolas teológicas é tardio e prejudicial para a fé.
22. Ibidem, p. 141.
23. Ibidem, p. 157.

A infidelidade é o resultado de uma inadequação entre o método de exposição e o público envolvido: assim, ao apresentarem uma interpretação para quem não está em condições de compreendê-la, os dialéticos produzem a infidelidade porque essa interpretação suspende o sentido óbvio e continua sendo por si mesma incompreensível. As portas da interpretação devem, assim, estar fechadas a questões do tipo "o que é o espírito?", na medida em que se trata de enunciados equívocos não dialetizáveis:

> Interrogar-te-ão a respeito do espírito. Responde-lhes: "o espírito somente meu Senhor conhece" e ele concedeu-vos apenas uma ínfima parte do saber (XVII, 85).[24]

Convém não fixar as boas interpretações nos livros dirigidos à massa. Ora, este foi o procedimento adotado pelos teólogos asharitas e isso produziu as seitas no Islã; o resultado é que "eles precipitaram as pessoas no ódio e na execração mútua".[25] Em razão de sua dupla inadequação – com o público e com o texto –, as interpretações teológicas só têm um valor sofístico:

> Um grande número de princípios que serviram de fundamento aos conhecimentos dos asharitas são realmente sofísticos porque negam um certo número de verdades, tais como a permanência dos acidentes, a ação mútua entre as coisas e a existência das causas necessárias aos efeitos.[26]

---

24. Versículo citado por Averróis, *FM*, p. 159.
25. Ibidem, p. 165.
26. Ibidem.

4. Corão e poesia

Por conseguinte, as três formas de argumentação aristotélica correspondem tanto a coeficientes de certeza quanto a uma hierarquia do público. Os silogismos retóricos e dialéticos, feitos de premissas comumente aceitas, convêm ao grande público, ao passo que o silogismo demonstrativo, composto por premissas demonstradas ou de primeiros princípios indemonstráveis, convém a um reduzido número de pessoas. O recurso a esta ou àquela forma de raciocínio continua sendo tributário do público a que é dirigida. Averróis dispõe de uma verdadeira teoria da receptividade do texto, seja ele sagrado ou não. Em seu *CMP*, em vez de utilizar os exemplos da tragédia e da epopéia mencionados por Aristóteles, apresenta exemplos da poesia árabe (tanto da poesia anterior ao Islã quanto da poesia clássica do século X) e do Corão, a fim de que sua justificação da atividade do comentário não fique restrita à fidelidade ao Estagirita. Não se deve esquecer que seu comentário é lido e apreciado em sua comunidade, e que ele é orientado pela exigência de uma partilha de racionalidade entre os homens.

É assim que, a partir do § 13 do *CMP*, vemos delinear-se uma teoria da receptividade das obras de arte marcada por uma dupla preocupação com o racional. Do mesmo modo que o texto sagrado faz apelo ao uso da razão e não consiste apenas em uma palavra indefinidamente salmodiada, assim também a poesia, cuja forma assemelha-se muito à narrativa sagrada, não é somente uma prática de encantar pelas palavras, mas trata-se também de uma atividade oriunda da razão e que faz apelo ao uso desta. Averróis retoma de Aristóteles a noção de imitação para estabelecer a ligação entre poesia e razão.

De fato, existe razão, no sentido de proporção, entre o imitador e o receptor, assim como há razão, sempre no sentido de proporção, nas coisas imitadas. Uma coisa é condicionada pela outra: a recepção racional da poesia só será possível se seu conteúdo estiver contido nos limites da razão.

Explicitemos esses dois pontos. Há uma aprendizagem segundo a razão, uma aprendizagem que leva em consideração a pessoa a quem é dirigida a poesia para que esta não fique sem efeito. É necessário que exista uma analogia de estrutura entre quem ensina e quem aprende. Se tomarmos o exemplo da tragédia, ou seja, da arte de elogiar no sentido de Averróis e de imitar as ações nobres, é necessário que as peripécias e os reconhecimentos suscitados por toda tragédia sejam construídos de maneira a produzir um movimento da alma [*taharruk al-nafs*], e, conforme observa Averróis, esse movimento, feito de pavor [*khawf*] e de piedade [*rahma*], deve ser acompanhado de um assentimento.

A menção do assentimento apresenta um desafio capital: por seu intermédio, é unificado o *organon* aristotélico, integrando as afirmações tanto demonstrativas quanto poéticas não-demonstrativas – aspecto que desenvolveremos ulteriormente. Dar seu assentimento é o sinal de que se produziu um movimento da alma, seja pela apresentação e escuta de uma poesia, seja pelo efeito convincente de uma demonstração. Averróis indica claramente que todo aquele que permanece insensível a "qualquer movimento suscitado por esses dois tipos de discurso"[27] é uma pessoa desprezível. No caso da poesia do elogio, o assentimento traduz-se pelo fato de se sentir *khawf* [pavor, terror] e *rahma* [piedade], graças à representação bem-sucedida das peripécias e dos reconhecimentos. Eis o que ocorre quando ficamos sabendo que Édipo matou o pai e casou com a

---

27. CMP, § 55, p. 86-7.

própria mãe; eis o que ocorre, observa Averróis, quando lemos no Corão a história de José martirizado pelos próprios irmãos ou a história de Abraão que deve sacrificar seu filho.[28]

Nesses dois exemplos, que colocam em perspectiva o famoso "contra-senso" atribuído a Averróis por Borges e Renan[29], o trágico surge do fato de que não existe hostilidade entre pessoas que se maltratam, condição essencial para sentir piedade. Nos dois casos, a desgraça atinge, de maneira imerecida, alguém nobre ou que realizou ações nobres: Abraão e José. Nos dois casos, verifica-se o prazer de aprender, orientado para a *catharsis* [purificação], porque, desse tipo de poesia sagrada ou pagã, emerge o medo de perder as virtudes, medo acompanhado por um maior apego às ações nobres.[30]

A *mimesis* [imitação] das ações nobres prolonga-se em quem escuta a poesia já que, ao imitar por seus sentimentos o que está escutando, torna-se nobre, e desempenha uma importante função na medida em que fornece os quatro critérios dos caracteres que devem ser representados:

1) representar as virtudes da pessoa elogiada;

2) representar, não todas as virtudes, mas aquelas que convêm e estão em harmonia com o personagem;

3) representar as virtudes como se tivessem sido plenamente realizadas no personagem;

4) representar as virtudes em um meio-termo, longe dos extremos.

Tais critérios são adotados pelo poeta na medida exata em que são os mesmos exigidos por quem o escuta;

---

28. Ibidem, § 58, p. 88.
29. Ver, neste livro, p. 33-4.
30. *CMP*, § 51, p. 85.

a boa imitação é, portanto, aquela que desempenha sua função naqueles a quem é dirigida.[31]

Entretanto, as duas proporções que estamos procurando colocar em evidência têm seus empecilhos: tanto no objeto imitado quanto no público, pode haver uma ruptura de medida, uma ruptura de proporção. No caso do objeto imitado, Averróis retoma o obstáculo mencionado por Aristóteles segundo o qual a desgraça que atinge o personagem da tragédia tem a ver com a vingança ou é a conseqüência de uma falta cometida: do mesmo modo, o autor não deve multiplicar as peripécias porque, nesse caso, deixamos o gênero trágico para entrar no gênero cômico. Tais diferenças impedem os movimentos da alma, ou seja, a piedade e o terror. No caso do público, também pode haver uma falta de proporção; esse é o caso quando uma boa substituição [*ibdal munasib*] não é compreendida ou esbarra em pessoas que nada entendem a respeito das figuras de estilo. Averróis cita, aqui, um trecho corânico relativo ao momento do dia em que começa o jejum do mês do Ramadã: "no instante em que puderdes distinguir o fio branco do fio preto" (II, 187). Averróis observa que algumas pessoas tomaram o sentido da palavra "fio" ao pé da letra; daí o aditamento da expressão "[comei e bebei] até a aurora..." para indicar com maior precisão seu sentido metafórico.

Fora dos casos-limite de ruptura de proporção, a razão naturalmente desdobrada em poesia, acompanhada pelo prazer que temos com as imitações, participa de todas as produções de "poesia natural", ou seja, da poesia que realiza sua finalidade imanente. O texto corânico é invocado, freqüentemente, para preencher as lacunas da poesia árabe: por exemplo, em relação à poesia épica

---

31. Ibidem, § 60, p. 88.

que, entre os árabes, só encontra equivalência no texto sagrado. A mesma situação verifica-se quanto às duas principais características da tragédia – peripécia e reconhecimento por sinais –, predominantes apenas em um caso, ou seja, ao serem aplicadas a ações voluntárias. Ora, é o livro sagrado, e não a poesia dos árabes, que oferece casos desse tipo.

No entanto, Averróis não se limita a mencionar o Corão; alguns poetas árabes aparecem de maneira recorrente em seu comentário e parecem-lhe ser bons exemplos dessa "poesia natural", tão glorificada por Aristóteles. Em particular, dois poetas chamam sua atenção: trata-se de Abu Tammam e Al Mutanabbi[32], ambos conhecidos por terem freqüentado, respectivamente, dois filósofos ilustres: al-Kindi na corte de al-Mu'tassim (califa que reinou entre 833 e 842) e al-Farabi na corte de Sayf al-Dawla. Nessa dupla escolha, ele respeita os poetas que levam em consideração o mundo das significações e das noções, que concebem o poema como "uma oscilação entre o sentido e o som", segundo a expressão de Paul Valéry, uma oscilação que, no espírito de Averróis, é, ao mesmo tempo, um acordo das expressões entre si, uma harmonia das significações entre si e uma correspondência ritmada entre expressões e significações[33], a fim de que o poema, como afirma al-Jahiz a propósito de Abu Nuwas, possa entrar no coração sem ter sido anunciado.

5. *O método dialético*

Diante do saber dialético, Averróis adotou diversas posições. Ao comentar os *Tópicos* de Aristóteles, empenhou-se

---

32. Citado profusamente em § 45, 49, 62, 65, 92 do *CMP*. Ver também, neste livro, p. 23.
33. *CMP*, § 92, p. 118.

em mostrar que o Estagirita fornecia, nesse livro, o meio de abordar a ciência perfeita da demonstração, isto é, que a dialética está claramente associada a um projeto de conhecimento que encontra sua plena realização no regime da prova, tal como é desenvolvido nos *Segundos Analíticos*. Entretanto, Averróis é também herdeiro da tradição interpretativa do Corão que se distinguiu, entre os teólogos, pela promoção de uma dialética que, segundo ele, nunca conseguiu superar o estágio da discussão ou, dito por outras palavras, do debate que gera polêmica, dissensões e seitas a partir de homonímias dos termos. Vejamos, em primeiro lugar, a dialética sob o ângulo sereno da predisposição para a ciência.

5.1. Objeto da dialética

Averróis retoma a idéia de Aristóteles segundo a qual, nas afirmações dialéticas, as premissas são comumente compartilhadas. Essas premissas não incidem sobre um saber particular; à semelhança da retórica, a dialética não possui determinado domínio de saber que lhe tenha sido atribuído; ela não tem um objeto geral do tipo daquele da metafísica, tampouco tem um objeto particular do tipo daquele de saberes como a aritmética ou a geometria. Pretender que o saber dialético seja específico implica cair na sofística. Na dialética, basta ter a garantia de que o problema discutido pode ser realmente discutido; as premissas dialéticas são tomadas sob a forma de questões e, em vez de resolver problemas, compete ao dialético não negligenciar nada que possa ajudar no tratamento de tais problemas. Ou, em outras palavras, segundo a lição aristotélica[34], trata-se de nada negligenciar do que exige a arte do

---

34. Aristóteles, *Tópicos*, 101b 5-10: "Com a utilização de um procedimento qualquer, o retórico não conseguirá persuadir nem o médico conseguirá

dialético, à semelhança do médico, cuja obrigação consiste não em curar, mas, antes, em nada negligenciar do que é exigido por sua arte, a fim de colocar à disposição do doente tudo o que estiver a seu alcance.

No início de seu *Médio comentário aos* Tópicos (*CMT*), Averróis enfatiza o que lhe parece ser a tríplice utilidade dessa arte:

1) A discussão dialética é um exercício que põe à prova as opiniões e os princípios.

2) Como discussão entre pessoas, ela leva a compartilhar o que é justo e a reconhecer o que é útil para elas na vida civil (esta indicação sociopolítica não se encontra no trecho de Aristóteles comentado, aqui, por Averróis).[35]

3) Se alguém pretende alcançar a verdade em determinado ponto, e se essa operação for difícil, a arte dialética permite produzir dois raciocínios contraditórios: um que estabelece o que é verdadeiro, enquanto o outro nega o primeiro. É mais fácil verificar onde se encontra o que é verdadeiro procedendo dessa forma, graças, em particular, à ponderação dos elementos demonstrativos presentes nesses raciocínios; assim, é possível estabelecer a distinção entre o essencial e o acidental, à semelhança da operação de um fundidor que, entre diferentes metais, consegue distinguir os que são preciosos.[36]

As premissas e os problemas dialéticos não se referem nem ao que é evidente para todos, nem ao que ninguém teria a ousadia de propor. A dialética desenvolve-se, portanto, no campo do que é aceito com esta dificuldade que lhe é inerente, ou seja, não dispor de regra que permita

---

curar; mas, ao servirem-se das possibilidades que estão a seu alcance, diremos que eles possuem a respectiva ciência de uma forma adequada".

35. Ibidem, 101a 30-35.

36. *CMT*, p. 11. Essa comparação sublinha o caráter prático da atividade teórica.

estabelecer a distinção entre o que é, ou não, aceito: neste caso, ainda fica por fazer uma estimativa segundo a quantidade. A premissa dialética é, assim: 1) aceita por todos – por exemplo: "Deus existe"; ou 2) aceita pela maioria sem suscitar qualquer contradição entre aqueles que não a defendem; ou 3) aceita pelos eruditos e filósofos sem que estes sejam contestados pela opinião comum – por exemplo, o que os sábios dizem a propósito da permanência da alma; ou ainda 4) aceita pela maior parte dos sábios sem que estes sejam contestados pelos outros.

Do mesmo modo, convém compreender as formas de extensão ou de contágio do que é aceito. Assim, o que tem alguma semelhança com o que já aceitamos, é, por sua vez, aceito. Por exemplo, se a sensação dos contrários é uma só, a ciência dos contrários é também uma só. A relação da sensação com o que é sentido assemelha-se à da ciência com o conhecido. Como veremos mais adiante, essa relação de similitude nesse caso preciso comporta limites em razão da impassibilidade do intelecto, que não poderia ser misturado com o que é pensado, do mesmo modo que ocorre com a sensação em relação ao que é sentido.

Nas formas de extensão do que é aceito, convém observar que o contraditório do contrário do que é aceito também é aceito. Por exemplo: se convém fazer o bem aos amigos, como o contrário disso é "convém fazer o bem aos inimigos", o contraditório seria "não se deve fazer o bem aos inimigos", o que tem um valor de probabilidade se o enunciado de base for aceito. Do mesmo modo, o contrário do que é aceito também é aceito se lhe for contrário no predicado e no sujeito: se fazer o bem aos amigos é uma opinião aceita, fazer o mal aos inimigos também o é. É igualmente aceito que os contrários não se reúnam no mesmo sujeito: se é necessário fazer o bem aos amigos, não convém fazer-lhes o mal. Esses diferentes exemplos são, na realidade, *topoi*, ou seja, esquemas conceituais que são outros tantos elementos exigidos por uma argumentação e que podem servir, segundo seu coeficiente de cientificidade, à ciência demonstrativa. Aliás, em cada análise de um *topos* particular, Averróis não deixa de indicar seu maior ou menor caráter demonstrativo.

Se a premissa dialética diz respeito ao que é aceito, o problema dialético exprime uma dúvida em relação a um assunto qualquer. A razão dessa dúvida é a presença de uma opinião contrária àquela que é aparente, ou a ausência de opinião aparente, ou a presença de raciocínios contraditórios em relação ao mesmo tema ou, ainda, a dificuldade de produzir um raciocínio sobre um assunto que, entretanto, suscita constantemente o desejo de saber – por exemplo, levantar o seguinte problema: o mundo é criado ou incriado?

Essa maneira de formular a questão evoca, de forma perturbadora para nós, leitores de Kant, as antinomias da razão, ou seja, a paixão da razão que não consegue evitar a formulação de questões que ela não pode resolver. Averróis não diz que esse tipo de questão relativa à criação do mundo seja insolúvel – veremos, mais adiante, sua resposta –, mas sublinha já sua estrutura dialética e a dificuldade de encontrar um raciocínio que, entretanto, não cessa de mobilizar a razão.

Entre os motivos para duvidar e levantar problemas dialéticos, pode-se incluir a presença de opiniões contrárias dos filósofos, que se contradizem umas às outras – por exemplo, a existência de uma unidade indivisível, defendida pelos atomistas e, por extensão, pelos teólogos asharitas –, ou de opiniões contrárias entre os homens comuns [*al-jumhur*], como afirmar, por exemplo, que a riqueza é sinal de pobreza ou a pobreza é sinal de riqueza; ou, ainda, de opiniões filosóficas que contradizem a opinião comum – por exemplo, a opinião segundo a qual a virtude é acompanhada por uma vida triste.

Ao seguir escrupulosamente o texto de Aristóteles, Averróis não deixa de introduzir distinções-chave, próprias à sua cultura árabo-muçulmana. Assim, eis o que ocorre com a distinção entre elite e massa que será abordada, mais adiante, de forma detalhada. Tal distinção sublinha a parte de conformidade do texto aristotélico com uma cultura na qual ele é convocado a fundir-se. Para a apresentação do objetivo primeiro da dialética, Averróis serve-se, assim, da distinção entre filósofos e massa: como esse objetivo é a utilidade para os filósofos ou para os homens comuns, é necessário que seja questionado apenas o que é útil em três casos:

> O que diz respeito à filosofia prática, ou à filosofia teorética, ou o que é um instrumento para o conhecimento nessas duas artes, ou seja, a lógica.[37]

Portanto, não se devem formular questões sobre coisas nocivas – por exemplo, em filosofia prática: existe ou não um Deus? A menção dessa questão encontra-se no comentário do trecho de Aristóteles em que este tinha proposto as seguintes questões como nocivas:[38] deve-se ou não venerar os deuses? Deve-se ou não amar nossos pais? Ao comentar o politeísmo grego, é possível observar, evidentemente, a passagem para o monoteísmo muçulmano: nesse aspecto, o problema não é a existência de um ou vários deuses, mas o fato de venerá-los ou não. Trata-se de uma questão particularmente nociva ao ser dirigida à massa ignorante que, do ponto de vista dialético, não

---

37. Ibidem, p. 41.
38. Aristóteles, *Tópicos*, 105a 5.

coloca em dúvida a existência divina. De acordo com Averróis, determinadas questões são, também, nocivas para os eruditos: por exemplo, em filosofia teorética, a questão "formulada pelos teólogos de nosso tempo"[39] sobre a permanência dos acidentes. Encontramos, aí, uma das derivas possíveis da dialética na hora do debate. Finalmente, a lógica também formula questões nocivas, como ao procurar saber se "a afirmativa e a negativa dividem entre si o verdadeiro e o falso em todas as coisas". Somente uma análise atenta do instrumento "lógica" – empreendida no comentário a *De interpretatione* – indica que essa oposição entre verdadeiro e falso limita-se às proposições singulares e aos contraditórios. Assim, posicionar-se no plano geral de uma afirmação e de uma negação dissimula as dificuldades, revelando-se como um obstáculo à análise e, por conseguinte, algo nocivo.

Como já foi indicado, a questão dialética não incide nem sobre o que é próximo da demonstração – tal como o fato de que a soma de três ângulos de um triângulo seja igual a dois retos –, nem sobre o que está bastante afastado da demonstração, tal como a questão dos milagres. Deplorando o fato de que Avicena tenha colocado essa questão em análise e não se tenha conformado com o parecer dos "filósofos antigos", ou seja, gregos, Averróis sublinha, em sua obra-resposta a al-Ghazali, que:

> os filósofos antigos não falam dos milagres porque, segundo eles, estes fazem parte das coisas que não devem ser submetidas a análise, nem questionadas. Trata-se de princípios de lei e quem as examina ou tem dúvidas a seu respeito deve, segundo eles, ser punido.[40]

---

39. *CMT*, p. 41.
40. *TT*, p. 515.

Nesse trecho, Averróis lembra-se dos *Tópicos*, de Aristóteles, em que este fala explicitamente de "castigo" e de "repreensão"[41] infligida a quem examina "qualquer problema" sem estar vigilante para estabelecer a distinção entre os problemas que podem ser discutidos e aqueles que não podem:

> Aliás, não se deve analisar qualquer tese ou problema: é somente no caso em que a dificuldade seja proposta por pessoas em busca de argumentos e não quando ela exige um castigo ou quando basta abrir os olhos. Quem, por exemplo, procura saber se deve ou não venerar os deuses e amar seus pais é passível apenas de uma boa repreensão; por sua vez, quem se questiona se a neve é branca ou não, basta abrir os olhos.[42]

Apresentadas as características das premissas e dos problemas dialéticos, fica por determinar em que consiste um argumento ou um raciocínio dialético, o qual se exprime sob dois tipos: a *indução* e o *silogismo dialético*.

O silogismo dialético compõe-se de premissas comumente compartilhadas, diferentemente do silogismo demonstrativo, cujas premissas são todas verdadeiras. No *Comentário às* Refutações sofísticas, Averróis sublinha que os silogismos erísticos – que visam à vitória em uma discussão – imitam os silogismos dialéticos, ao passo que o silogismo sofístico imita o silogismo demonstrativo.

Mas o que é, realmente, distintivo do raciocínio dialético é a indução, caracterizada por Averróis de maneira genérica, incluindo até mesmo o silogismo. A indução é considerada como a transferência de um julgamento que

---

41. Aristóteles, *Tópicos*, 105a 1-10.
42. Ibidem.

incide sobre as partes de um todo para esse todo. A transferência do julgamento de uma coisa para outra faz-se de três maneiras:

- Transferência do todo para as partes, o que corresponde propriamente ao silogismo:

    A conclusão está contida, potencialmente, na premissa maior da maneira como o particular é contido no todo.[43]

- Transferência da maior parte ou de todos os particulares para o geral, "eis a indução". Por exemplo: o artesão experiente é preferível porque são preferíveis o pescador experiente, o cavaleiro experiente e o marceneiro experiente. A diferença entre essa indução e aquela que dá a certeza é que, nesta, transferimos o julgamento para o geral em razão de uma forte opinião que conclui por sua presença nos particulares. No caso da indução certa, ela traz apenas um apoio acidental à proposição universal.

- Transferência de um particular para um particular que lhe é semelhante; eis o que é conhecido sob o nome de exemplo.

Em seus comentários sobre a lógica aristotélica, Averróis aproveita, freqüentemente, a ocasião para indicar o respectivo valor dos raciocínios dialéticos, retóricos, poéticos ou demonstrativos. É assim que, ao abordar a questão da utilidade dos argumentos dialéticos, ele observa que:

> Nessa arte, o silogismo é mais nobre que a indução, assim como, na arte retórica, o entimema[44] é mais nobre

---

43. *CMT*, p. 44.
44. *Entimema*: demonstração retórica; ver, neste livro, p. 125-8.

que o exemplo, e, na arte poética, a substituição mais nobre que a comparação. A indução agrada [*iqna'*] de maneira mais aparente do que o silogismo porque ela se fundamenta nos dados dos sentidos; eis por que seu uso é mais útil ao homem comum e, também, é mais fácil de ser contestada. O silogismo é o inverso: pouco útil ao homem comum e menos fácil de refutar.[45]

Essa escala dos coeficientes de certeza – em que é atribuído um lugar a cada argumento, segundo sua afiliação a uma arte lógica específica – permite a Averróis situar a lógica de Aristóteles em um projeto educativo diferenciado, segundo o público visado. Em relação à arte dialética, a indução e o silogismo dialético permanecem aquém da certeza que pode ser obtida pelo silogismo demonstrativo.

5.2. *Uso teológico da dialética*

Na melhor das hipóteses, a dialética praticada pelos teólogos limita-se a manifestar uma opinião próxima da certeza, mas não a própria certeza.[46] O discurso dialético é composto de premissas comuns; ora, estas suscitam um assentimento baseado no testemunho de todos, ou do maior número de pessoas, mas não está apoiado na natureza da coisa em si mesma, contrariamente ao que se passa na demonstração. Portanto, em vez de repousar sobre o fato de que a opinião é um conhecimento, o assentimento dialético repousa sobre o fato de que outros compartilham a mesma opinião. Daí, segue-se que as premissas dialéticas podem ser falsas e, também, não possuem um sujeito específico, mas que, à maneira da retórica, juntam um predicado a um sujeito, reproduzindo não sua composição

---

45. *CMT*, p. 45; comentário do trecho de Aristóteles, *Tópicos*, 105a 16.
46. Averróis, *Abrégé des Topiques*, p. 151.

fora da alma – ou seja, segundo o que as coisas são em si mesmas –, mas somente a partir do que é comumente aceito a respeito delas.

> Essa disciplina [a lógica] utiliza uma outra espécie de assentimento que lhe é específica, a indução. E essa espécie, que faz parte das coisas que produzem o assentimento, consiste em enunciar, a propósito de uma coisa universal, um julgamento universal afirmativo ou negativo em razão da existência de tal julgamento na maior parte dos particulares que estão subsumidos sob a coisa universal. Por exemplo: o fato de enunciar que todos os corpos são criados, porque constatamos que isso ocorre com a maior parte deles. Trata-se de um argumento que tem a força de um silogismo de primeira figura, visto que o termo menor é esta coisa universal, o médio são os particulares e o termo maior é o julgamento; todavia, esse procedimento não corresponde ao que é adotado no silogismo.[47]

Averróis faz uma crítica implacável contra a indução para solapar a argumentação dos teólogos: trata-se de mostrar que a indução não fornece uma certeza tão consistente quanto a certeza que emana do silogismo.

Por exemplo, vejamos o seguinte argumento: todos os corpos são criados, porque a maior parte dos que conhecemos o são; isso leva à conclusão de que o mundo é criado porque é um corpo. Na indução, parte-se do particular para o universal; no silogismo, uma das premissas é necessariamente universal. Ora, na indução,

---

47. Averróis, *Jawami'li kutub aristotalis fi al-jadal wal-khataba wa-shi'r al-jadal* [Pequenos comentários aos *Tópicos*, *Retórica*, *Poética*], editado por Charles E. Butterworth, Nova York, Albany State University of New York Press, 1977, § 5 e 6, p. 152-4.

verifica-se um raciocínio cujo poder é o de um silogismo da primeira figura, mas sem premissa universal: "o ar, o fogo, a terra e a água são corpos; esses corpos são criados; portanto, todos os corpos são criados" (o exemplo é utilizado para contestar o criacionismo dos asharitas). Além disso, no pressuposto de que a indução seja completa, ela não nos diz se o predicado faz parte, necessariamente, do sujeito. Pode ocorrer que a afiliação seja acidental; assim, no nosso exemplo, a criação pode ser uma característica acidental dos corpos. Eis por que a indução só pode pretender ao assentimento do que é comumente compartilhado.

Portanto, a indução aplicada na demonstração só pode servir para orientar-nos em direção à certeza, sem produzi-la. Há uma diferença notória entre o que é adotado para guiar-nos na demonstração e o que é utilizado para servir-se a si mesmo. Somente em dois casos, a indução torna-se, para Averróis, um requisito da demonstração: quando o sujeito das premissas é um sujeito da experiência, e quando um grande número de pessoas, apesar de não reconhecer a universalidade de uma premissa, reconhecem uma de suas instâncias. Alguém pode admitir, por exemplo, que a doença e a saúde têm a ver com a mesma ciência, sem admitir que a ciência dos contrários seja uma só enquanto isso não lhe tiver sido mostrado de forma indutiva; feito isso, ele terá adquirido a certeza em relação à premissa universal.

Ocorre, entretanto, que o grau de certeza dos raciocínios dialéticos é diferente do grau de certeza dos raciocínios demonstrativos. As discussões teológicas pressupõem uma investigação metafísica e um meio demonstrativo que não podem ser satisfeitos pela dialética. O dialético não formula a questão: *o que é?* Não procura a essência, não tem de afastar, portanto, a homonímia: ele visa somente obter a adesão de seu interlocutor, com quem compartilha o mesmo saber, a uma das duas proposições contraditórias, a fim de acuá-lo na contradição. No *Médio comentário ao* De interpretatione, podemos ler o seguinte trecho:

> Aquele que responde de maneira dialética não tem de corrigir a questão do questionador, levando-o a compreender a homonímia das noções, porque respondedor e questionador encontram-se em pé de igualdade relativamente ao conhecimento da coisa que estão analisando. E a intenção de quem formula a questão, de maneira dialética, consiste apenas em levar o respondedor a aceitar um dos dois membros da contradição; ao pretender apresentar tal proposição como uma premissa, ele terá a possibilidade de invalidar o que defende o respondedor.[48]

Por exemplo, vejamos a seguinte questão: todo prazer é ou não um bem? Nessa frase, temos dois membros de uma contradição: o prazer é, e não é, um bem. Basta que o interlocutor aceite uma das duas proposições para que o questionador o leve à contradição; nesse caso, o lance consiste, para um, em fazer que seja aceita uma das duas premissas, e, para o outro, em não aceitá-la. Portanto, a questão não incide sobre a natureza do prazer: o objetivo visado é a refutação, embora aquele que está acuado na contradição possa sempre dizer que não entendeu o prazer em tal sentido e recuse ser obrigado a aceitar o absurdo que o questionador pretende impor-lhe. Daí a força polêmica própria da dialética, que pode levar a uma homonímia reforçada do sentido ou a uma busca comum da univocidade do sentido, portanto, a uma redução da homonímia. Na melhor das hipóteses, portanto, a dialética pode ser uma preparação para a ciência, no sentido de

---

48. Averróis, *Commentaire moyen sur le* De interpretatione, § 58, Paris, Vrin, 2000, p. 124.

que ela permite transformar um *lugar*, um *topos*, em uma premissa suscetível de figurar em um silogismo, mas a maior parte das vezes ela soçobra na discussão e limita-se a suscitar preferências e não conhecimentos.

Em seu *Médio comentário aos* Tópicos, Averróis empenha-se em estabelecer a ligação estreita entre dialética e ciência da demonstração, conforme a observação de C. Butterworth:

> Averróis fala como se os argumentos utilizados na dialética e nas ciências fossem idênticos. Apesar de reconhecer uma distinção entre a dialética e a demonstração, ele persiste em pretender aparentá-las. Assim, quando Aristóteles explica que o bom dialético deve visar à competência em sua arte, Averróis exprime seu acordo e afirma que o objetivo dessa competência deve ser o de alcançar um conhecimento demonstrativo.[49]

Esse vínculo entre dialética e demonstração tem como cimento a teoria da definição que, decididamente, Averróis não pretende deixar por conta dos geômetras, preocupados em demonstrar apenas as existências e não as essências. Se, em si, a prática da demonstração adotada por eles é louvável, não se pode confiar-lhes o trabalho de definir, tampouco considerá-los como modelos, como o fizeram os dialéticos anteriores a Aristóteles.

Ao adotar a demonstração como instrumento de avaliação dos *topoi* analisados nos *Tópicos*, Averróis contribuiu para dar maior sistematicidade à idéia de uma dialética não redutível à discussão, ainda menos à implantação do que é comumente compartilhado: essa dialética

---

49. C. Butterworth, "Comment Aristote lit les *Topiques* d'Aristote", in M. A. Sinaceur (ed.), *Penser avec Aristote*, Toulouse (França), Erès, 1991, p. 721.

irredutível, proposta como alternativa ao método dos geômetras, está diretamente associada à demonstração.[50]

Para Averróis, trata-se de estabelecer a distinção entre a prática da dialética a serviço da ciência e a prática da dialética [al-Jadal] utilizada pelos teólogos, ou seja, prática das teses opostas sobre assuntos que nem sempre merecem ser submetidos a questionamento. Além disso, as premissas da dialética são bastante gerais e a generalidade é próxima da homonímia, enquanto as premissas demonstrativas referem-se às próprias coisas. O método mais prudente é:

1) abordar as questões uma a uma;

2) evitar a adoção de uma noção múltipla como se se tratasse de uma noção única; em poucas palavras, evitar a sofística;

3) verificar o que, a esse respeito, foi afirmado pelos antigos.

---

50. Cf. ibidem, p. 701-24.

3
A lógica ou como orientar-se no ato de pensar?

1. *Poética e retórica: práticas da lógica*

A teoria da receptividade dos textos religioso e poético mostrou-nos a importância, para Averróis, das formas de argumentação, em particular daquelas que têm uma função retórica e poética. Para apreender melhor as implicações daí decorrentes, convém situar essas duas práticas em um contexto mais amplo que permita compreender a maneira como Averróis, na esteira de al-Farabi e de Avicena, operou uma logicização da retórica e da poética.

O *organon* de Aristóteles – ou, em outras palavras, o conjunto de seus livros que abordam a lógica –, tal como foi recebido e trabalhado pela tradição filosófica ocidental, é um *organon* curto.[1] Como na lista dessa tradição não figura a *Retórica* nem a *Poética*, elas não foram consideradas como artes da área da lógica. Certamente, J. Brunschwig[2] tem razão ao questionar-se sobre o que teria sido

---

1. Composto pelas seguintes obras: *Categorias, De interpretatione, Primeiros Analíticos, Segundos Analíticos, Tópicos* e as *Refutações sofísticas*.
2. J. Brunschwig, "Quelques malentendus concernant la logique d'Aristote", in *Penser avec Aristote*, Toulouse, Erès/UNESCO, 1992, p. 423-9. Esse autor fala de concepção epistemocêntrica (relativamente aos seis livros do *organon* curto) baseada em um erro decorrente da leitura da última

a filosofia ocidental se esta tivesse adotado – como foi o caso da Escola de Alexandria[3] e, em seguida, dos filósofos árabes[4] da Idade Média – a tese do *organon* longo[5], ou seja, de uma lógica ampliada a essas duas práticas do pensamento.

Recentemente e, em particular, graças a D. Black[6] e O. B. Harridson[7], a tese de um *organon* longo começou a ser reconsiderada com certo apreço. Durante muito tempo, a postura foi bastante diferente: os que trabalhavam esse *corpus* aristotélico chegaram a minimizá-la, até mesmo,

---

    página das *Refutações sofísticas* – trecho em que Aristóteles afirma que foi pioneiro na teoria do raciocínio, do *sullogismos*. Entretanto, no contexto, trata-se do silogismo dialético e não do silogismo em geral. Cf. *Réfutations sophistiques*, 184a-184b, tr. fr. de Tricot, Paris, Vrin, p. 138-9: "Já existiam numerosos e antigos trabalhos sobre as matérias da Retórica, mas nada havia para citar que tivesse sido escrito anteriormente, em relação ao raciocínio". A leitura desse trecho no final das *Refutações sofísticas* como se se tratasse do fim do *organon* implica vários mal-entendidos: a) a retórica está excluída da teoria do silogismo (quando, afinal, o entimema é considerado explicitamente como um silogismo); b) os silogismos são reduzidos às ciências que visam alcançar a certeza; e c) a rejeição de uma lógica da verossimilhança. De acordo com J. Brunschwig, "esse *organon* [o *organon* longo] produziu mais efeito na tradição árabe do que na tradição ocidental [...]. Pequeno exercício de filosofia-ficção: se o *organon* curto dos aristotélicos não tivesse eliminado, de saída, o *organon* longo vislumbrado por Aristóteles, a face do mundo teria sido alterada por causa disso?".

3. Importante corrente filosófica neoplatônica que floresceu nos primeiros três séculos da era cristã, em Alexandria (Egito), um dos principais centros culturais da época; entre seus representantes podemos citar Simplício, Filipon, Olimpiodoro, Amônio Sacas, David e Elias.
4. Em particular, al-Farabi, Avicena e Averróis.
5. O *organon* que, além das seis obras mencionadas na nota 1 deste capítulo, compreende a *Retórica* e a *Poética*.
6. D. Black, *Logic and Aristotle's* Rhetoric *and* Poetics *in Medieval Arabic Philosophy*, Nova Iorque, Brill, 1990.
7. O. B. Harridson, "The Place of Averroes' *Commentary on the* Poetics in the History of Medieval Criticism", in *Medieval and Renaissance Studies*, 4 (1968).

a menosprezá-la, apesar de ser enunciada explicitamente pelos textos estudados, em conformidade com o testemunho, por exemplo, do livro de Ibrahim Madkour[8] que analisa a recepção do *organon* pelos árabes e, sobretudo, coloca em evidência os comentários de Avicena. Depois de ter citado[9] as nove divisões da lógica propostas, precisamente, por Avicena – compreendendo, sucessivamente, o *Isagoge* de Porfírio, os seis livros do *organon* curto que abordam a lógica, a *Retórica* e a *Poética* – e até mesmo depois de ter justificado de certa maneira o *organon* longo, mencionando um trecho da *Retórica*[10] em que Aristóteles diz que a arte dos retóricos pressupõe o procedimento silogístico, I. Madkour observa claramente que só pretende levar em consideração o *organon* curto com a seguinte justificativa:

> Contrariamente a nossos filósofos, deixamos de lado a *Retórica* e a *Poética* aristotélicas, que não fazem parte da lógica propriamente dita; em seus textos relativos à lógica, esses mesmos filósofos limitam-se a uma breve alusão a essas obras.[11]

I. Madkour foi seguido por F. W. Zimmerman, que promoveu a edição do *Comentário* de al-Farabi ao *De interpretatione*. Em sua *Introdução*, observa que

---

8. I. Madkour, *L'Organon d'Aristote dans le monde árabe*, Paris, Vrin, 1932.
9. Ibidem, p. 10-1.
10. Aristóteles, *Retórica*, 1355a 3-17: "A demonstração retórica é o entimema que, de forma geral, é a mais decisiva das provas, [...] é claro que o mais apto para o estudo especulativo das premissas e a formação de um silogismo é também o mais apropriado para o entimema, com a condição de compreender o tipo de assunto a que este se aplica e sua diferença em relação aos silogismos lógicos".
11. I. Madkour, op. cit., p. 14.

nem mesmo a inclusão altamente excêntrica da *Retórica* e da *Poética* no cânon relativo à lógica desencaminhou os filósofos de Bagdá. Por dever, al-Farabi escreveu um comentário sobre a *Retórica* e seu contemporâneo, Abu Bishr Matta, traduziu [mal] a *Poética* para o árabe.[12]

No entanto, julgamos justificada essa inclusão, até mesmo do ponto de vista de uma certa leitura de Aristóteles[13]; por sua vez, os filósofos árabes apresentaram sempre argumentos nesse sentido. Assim, em seu livro *Ihsa' al-ulum* [Catálogo das ciências], al-Farabi indica com precisão que

> as cinco artes que utilizam o silogismo são as seguintes: apodítica, dialética, sofística, retórica e poética.[14]

Basta retomar o que Averróis escreve no § 55 do *Médio comentário à* Poética para avaliar até que ponto era importante, para nosso filósofo, associar a *Poética* às outras obras relacionadas com a lógica: está em questão, nem mais nem menos, a capacidade racional de que o homem é dotado e que se exerce em todas as suas produções,

---

12. F. W. Zimmermamn, *al-Farabi's Commentary and Short Treatise on Aristotle's De interpretatione*, Londres, Oxford University Press, 1981, p. XXIII.
13. V. Goldschmidt, "Art et science", in M. A. Sinaceur (ed.), *Penser avec Aristote*, Toulouse (França), Erès, 1991, p. 607-11: "Em vez de enganar-nos em relação ao original, a transposição artística leva-nos a conhecê-lo melhor; ela exige do espectador um esforço de raciocínio a que, em duas ocasiões, Aristóteles não hesita em atribuir o termo técnico 'silogismo' que conclui pela subsunção do modelo sob a representação: 'isto é aquilo'".
14. Al-Farabi, *Ihsa' al-ulum* [Catálogo das ciências], ed. de Uthman Amin, Cairo, Dar al-fikr al-'Arabi, 1949, p. 63-9; cf. também, Averróis, *Talkhidss Kitub al-khataba* [Médio comentário à *Retórica*], ed. 'Abd al-Rhaman al-Badawi, maktaba al-nahda al-misriyya, 1960, p. 10-1: "O

incluindo a expressão poética. Essa capacidade racional apresenta-se, em primeiro lugar, sob a forma de um movimento da alma:

> os homens são movidos, naturalmente, por dois tipos de discurso: um é demonstrativo e o outro não demonstrativo.[15]

No entanto, o que contribuiu para minimizar essa tese de um *organon* longo foi a idéia segundo a qual os filósofos árabes não teriam compreendido o texto da *Poética* de Aristóteles; na esteira da tradição alexandrina, por puro mimetismo, teriam incluído essa obra no *organon*, sem ter dado qualquer valor a essa inclusão. Além das reservas que formulamos contra a tese de Renan e de Borges a esse respeito, podemos acrescentar outras quatro razões que contestam Renan e os adversários da tese do *organon* longo:

1) No caso concreto da *Poética*, não há mimetismo porque os exemplos apresentados por Aristóteles são substituídos, na obra de Averróis, por exemplos tirados da poesia árabe e do Corão; aliás, verificamos a preocupação do filósofo cordovês em dirigir-se a um público específico, de tal modo que este possa ter acesso aos conteúdos, e não em retomar servilmente uma tradição.

2) Além disso, como é mostrado por Avicena, o interesse do especialista em lógica pela *Poética* deve ser distinguido do interesse que o musicólogo ou o especialista

---

entimema é uma espécie de silogismo. O estudo do silogismo faz parte das artes concernentes à lógica. Portanto, convém que seja o especialista da lógica que, em particular, se ocupe dessa arte [...]. Apesar de não ser verdadeiro, o assentimento retórico tem aparência de verdadeiro [...] e o que se assemelha ao verdadeiro entra na ciência do verdadeiro que é a lógica".

15. *CMP*, § 55, p. 87.

em prosódia possam ter por essa obra; "o especialista em lógica limita-se a considerar a poesia como um discurso imaginário"[16], não se ocupando do ritmo, nem da metrificação dos versos, nem da prosódia, mas também ficando atento para que tais requisitos sejam respeitados.

3) A tese de um *organon* longo é independente da tradução pelos árabes do texto da *Poética*: não se pode lançar a acusação de que, tendo sido os primeiros a elaborar essa tese, os comentadores gregos não compreendessem a poesia grega.

4) Por último, ao compreender a aprendizagem como apropriação de um raciocínio, o próprio Aristóteles, por suas indicações, incita-nos a reconhecer uma dimensão lógica na *Poética* (e na *Retórica*).[17]

Mas voltemos à tese de um *organon* longo: qual é seu conteúdo? Podemos resumi-la em torno de três pólos:

1) O vínculo entre a lógica entendida como uma teoria da argumentação válida e a lógica considerada como uma disciplina ocupada com atos de linguagem. A integração à lógica da retórica e da poética – duas artes em que a linguagem desempenha um papel essencial – tem necessidade da reavaliação desse vínculo e, ao mesmo tempo, de um maior reconhecimento dos objetivos cognitivos implícitos nessas duas artes.

---

16. Avicena, *Talkhiss kitab al-shi'r*, p. 161, 11-4.
17. Aristóteles, *Poétique*, cap. 4, 48b 15-20, Paris, Le Seuil, 1980, p. 42-3: "Se gostamos de ver as imagens é porque, observando-as, aprendemos a conhecer e tiramos a conclusão do que é cada coisa, como acontece quando dizemos: esse aí é ele mesmo". Cf. também *Retórica*, I, 1371b 4: "como é agradável, ao mesmo tempo, aprender e maravilhar-se; necessariamente, as coisas dessa ordem são também agradáveis, por exemplo, o que se refere às artes representativas, tais como a pintura, a escultura e a poesia, e tudo o que é bem representado, mesmo que o objeto original não seja agradável. De fato, não é dele que vem o prazer, mas existe um raciocínio [*sullogismos*] cuja conclusão é: isto é tal coisa, de modo que se acaba por aprender algo a seu respeito".

2) A dupla finalidade das artes lógicas: produzir um ato de concepção [*al-tasawwur*] e um ato de assentimento [*al-tasdiq*]. Como tema recorrente dos comentários filosóficos árabes, esse objetivo fortalece o caráter lógico das duas artes visadas (a retórica e a poética), colocando-as em uma continuidade com as outras artes. Em relação ao assentimento, a determinação última do domínio de qualquer arte lógica está no grau de assentimento que o silogismo é capaz de produzir. Quanto ao *tasawwur* [o ato de concepção], além de sua inscrição em uma problemática ligada à natureza dos inteligíveis, foi associado, em parte, à imaginação e, portanto, à poética – nesse aspecto, há provavelmente a reminiscência do trecho do *De anima* segundo o qual a alma não pode pensar sem imagens.[18]

3) A divisão da lógica em seu aspecto formal e material. A inclusão da retórica e da poética entre as artes lógicas pressupõe a predominância geral do silogismo sobre todo o pensamento. As diferentes disciplinas lógicas são consideradas como aplicações de métodos silogísticos: todas elas servem-se de uma forma de derivação ou de inferência que nos leva a dizer "é isso mesmo". Do ponto de vista de sua forma, o silogismo é, assim, um elemento unificador da lógica aristotélica. Seu aspecto material refere-se à diversidade das áreas de aplicação das premissas: apodítico, dialético, sofístico, retórico e poético. Nesse caso, existe uma identidade formal acoplada a uma diversidade material; o problema lógico será o da qualificação das premissas e

---

18. Cf. Aristóteles, *De anima*, III, 7, 431a 16-17, tr. fr. de R. Bodéüs, Paris, GF, 1993, p. 235: "Por sua vez, a alma dotada de reflexão dispõe das representações que fazem as vezes de sensações. E quando um bem ou um mal é enunciado ou negado, há igualmente um movimento de fuga ou de perseguição. Assim, a alma nunca pensa sem representação" – "representação" é a tradução de "phantasia", palavra que pode ser traduzida também por "imaginação".

da necessária distinção entre aquelas que são verdadeiras e as que não o são.

Três pólos, por conseguinte, que são a consideração da comunicação de um ponto de vista lógico, a continuidade estabelecida graças ao assentimento entre as artes lógicas (artes demonstrativas e não-demonstrativas) e, finalmente, a natureza silogística de todas essas artes.

É no próprio texto de Aristóteles que Averróis encontra a justificativa para a integração dos silogismos retóricos e poéticos aos outros silogismos já reconhecidos. Nos *Primeiros Analíticos*, Aristóteles escreve o seguinte:

> Por meio das figuras precedentemente citadas, obtemos não só os silogismos demonstrativos, mas ainda os silogismos retóricos e, em geral, toda forma de persuasão, seja qual for a via empreendida.[19]

Eis o comentário de Averróis a esse trecho:

> Convém dizer que todos os silogismos, não só os demonstrativos e os dialéticos, precedem da forma e, em geral, o assentimento produz-se em todas as artes; isso é evidente pelo fato de que todo assentimento é obtido, seja pela via do silogismo ou de algo semelhante a ele e que é chamado de entimema, seja pela indução ou pelo que lhe é aparentado e a que se dá o nome de exemplo.[20]

Voltaremos a falar da estrutura desse silogismo retórico que é o entimema; desde já, observemos que Averróis

---

19. Aristóteles, *Primeiros Analíticos*, 2, 23, 68b 9-14.
20. Averróis, *Talkhis kitab a-qiyas* (CMPA), in *Averrois Cordubensis Commentarium Medium in Aristotelis Priorum Analiticum Libros*, texto estabelecido por M. Kacem, C. Butterworth e A. A. Haridi, Cairo, The General Egyptian Book, 1983, § 371, p. 363.

insiste sobre a presença do assentimento "em todas as artes", evitando assim reduzi-lo àquele produzido unicamente pela persuasão retórica. Registremos também a tese continuísta defendida nesse trecho: do silogismo ao exemplo, passando pelo entimema e, em seguida, pela indução, existe a mesma finalidade argumentativa; apesar de divergentes, os meios estão unificados pela presença de uma aquiescência ou assentimento que assumem a forma tanto do contentamento diante de um raciocínio rudimentar que "satisfaz" à primeira vista, quanto da convicção íntima e plena que advém da demonstração.

2. Uma teoria geral do assentimento

O que se entende pelo termo "assentimento" [*al-tasdiq*]? Lembremos que, além dessa palavra, o termo *al-tassawwur* [concepção] se refere a dois atos cognitivos que a lógica procura elucidar. O *tassawwur* confunde-se com o ato pelo qual a essência de uma coisa é apreendida e o *tasdiq* com o assentimento ou juízo que chega à conclusão da existência de uma coisa.[21] O assentimento é suscetível de graus: em seu sentido forte, é a afirmação ou negação da existência de uma coisa concebida. O silogismo consiste em produzir um assentimento[22]; assim, por serem consideradas produtoras de assentimento, as artes retórica e poética estão associadas ao método silogístico.

Entretanto, essa generalização do assentimento levanta um problema: como conciliar a divisão entre artes

---

21. Em seu *Médio comentário aos* Segundos Analíticos (*CMSA*), § 2, ed. de C. Butterworth, p. 34, Averróis escolheu este par – *Tassawwur/Tasdiq* – para comentar o trecho 71a 12-17, no qual Aristóteles estabelece a distinção entre as questões relativas à existência de uma coisa e as relativas à sua significação.
22. Cf. I. Madkour, op. cit., p. 55.

silogísticas apofânticas (que afirmam a veracidade ou falsidade de uma proposição) e não-apofânticas? Existe um trecho do *De interpretatione*[23], sobejamente comentado, em que Aristóteles divide as proposições em apofânticas (declarativas) e não-apofânticas: a tese generalizada do assentimento colocará em debate essa divisão? Não, porque o assentimento é uma noção polissêmica: ela percorre o leque nocional que vai da verdade [ser verdadeiro, *sidq*] ou veracidade [*tasdiq*] até o contentamento ou satisfação [*iqna'*], considerados como formas de aquiescência. Por conseguinte, o termo *tasdiq* não está confinado à verdade objetiva das proposições, aplicando-se também ao objetivo visado pela retórica, ou seja, persuadir alguém, levando-o a adotar uma posição. É, aliás, o assentimento que permite a integração da retórica no domínio das artes lógicas. De fato, Aristóteles[24] havia sublinhado que os retóricos tinham menosprezado as provas retóricas – a saber, o entimema –, cuja abordagem será feita mais adiante:

> Atualmente, os que escrevem sobre a retórica limitam-se a tratar uma restrita parcela da matéria. Somente as provas têm um caráter verdadeiramente técnico, o resto é acessório; ora, eles nada dizem a respeito do entimema, ou seja, o núcleo da prova. Na maior parte das vezes, seus preceitos referem-se a pontos estranhos ao fundo da questão.[25]

---

23. Aristóteles, *De interpretatione*, 17a 3-8, tr. fr., Paris, Vrin, p. 84: "Nem todo discurso é uma proposição, mas somente aquele em que reside o verdadeiro ou o falso, o que não ocorre em todos os casos: assim, a prece é um discurso, mas ela não é verdadeira nem falsa – deixemos de lado os outros gêneros de discurso, cuja análise deve ser feita, de preferência, pela *Retórica* e pela *Poética*".
24. Aristóteles, *Retórica*, 1354 a 11 e seg.
25. Aristóteles, *Rhétorique*, Paris, Le Livre de Poche, 1991, p. 76.

Ora, a consideração das provas retóricas é precisamente o que aparece como a novidade do estudo aristotélico em relação à tradição retórica grega. Averróis[26] baseia-se nesse trecho para sublinhar que a retórica sem provas é uma arte estranha ao assentimento. Seu argumento desenvolve-se desta maneira: na medida em que o entimema é um silogismo e como qualquer silogismo pressupõe o assentimento, a retórica junta-se às artes silogísticas, ocupando-se do entimema e já não simplesmente das paixões humanas, entre as quais Averróis cita o medo, a piedade e a ira. Por intermédio do assentimento, a retórica livra-se de qualquer tentação de soçobrar nos meandros do *pathos* humano.

Por conseguinte, existe um sentido geral do termo "assentimento": o de aquiescência ou aceitação, um sentido que pode ser considerado até mesmo genérico, uma vez que é assumido sob a forma do par assentimento/dissensão, colocado pelo filósofo norte-americano W. V. O. Quine na base de sua filosofia da tradução radical.[27] Certamente, podemos observar que, no *Médio comentário aos* Segundos Analíticos, o termo *tasdiq* assume um sentido restrito: é a ciência que estabelece a correspondência entre uma proposição e o estado real de coisas, não deixando de ser um termo suscetível de diferentes graus de sentido. A distinção entre as artes lógicas pressupõe, de fato, a consideração, não só do critério de veracidade ou de falsidade, mas também o reconhecimento do estado de saber daquele que dá seu assentimento a

---

26. *CMR*, p. 5.
27. W. V. O. Quine, *Le mot et la chose*, tr. fr., Paris, Flammarion, 1979, p. 62 e seg. [orig.: *Word and object*, Cambridge (Mass.), MIT, s. d.]: "Durante todo o dia, o indígena dará seu assentimento à frase sempre que esta lhe for submetida, e sob toda espécie de estímulos circundantes não pertinentes; e, em outro dia, ele recusará o assentimento na presença dos mesmos estímulos não pertinentes".

algo. Ou, em outras palavras, o assentimento tem um valor, não só referencial, mas, sobretudo, epistêmico; esse segundo aspecto do assentimento permite, aliás, evitar a redução da retórica e da poética a aspectos afetivos e emocionais. Trata-se de artes que exaltam as capacidades de raciocínio (no sentido de silogismo) do homem, mencionadas no final do versículo 2 da surata LIX que Averróis cita freqüentemente: "Tirai daí a lição, vós que sois dotados de clarividência".

O primeiro pólo da tese de uma lógica ampliada refere-se a este ponto: conciliar seus dois sentidos, o da teoria da validade e o da teoria da comunicação.

3. Uma lógica da comunicação

Para justificar este pólo da tese, convém valorizar o trecho precedentemente citado do *De interpretatione* em que Aristóteles estabelece a nítida distinção entre as proposições declarativas, que podem ser verdadeiras ou falsas, e as proposições poéticas ou retóricas, que se referem a exortações, preces ou mandamentos.

A tese geral do assentimento pode parecer, em um primeiro momento, uma incongruência em relação ao trecho do *De interpretatione* em que é afirmada a necessidade de estabelecer a distinção entre o discurso apofântico e o discurso não-apofântico: só no primeiro caso, diz-nos Aristóteles, temos proposições declarativas, às quais é possível aplicar o qualificativo de verdadeiro e falso. Nesse trecho, Aristóteles acrescenta que o domínio do não-apofântico é a retórica e a poética.

Em seu comentário sobre o *De interpretatione*, al-Farabi – de quem Averróis, em seu próprio comentário, é bastante próximo – procede à separação nítida entre proposições apofânticas e aquelas que não o são; aliás, isso já havia sido feito por Aristóteles. Mas nem por isso essa separação leva al-Farabi a excluir a *Retórica* e a *Poética* do domínio da silogística; entretanto, o certo é que, em seu parecer, nenhuma dessas duas artes lógicas pode ser abordada pela via demonstrativa. A essa caracterização negativa acrescenta-se uma outra, desta vez positiva: essas duas artes desempenham uma função na comunicação. Assim, podemos observar que al-Farabi cita profusamente a situação em que se encontram os interlocutores: seja em relação ao modo imperativo (o superior que se dirige a um súdito), à súplica (o súdito que se dirige ao superior) ou à interrogação (duas pessoas em pé de igualdade). Para além dessa classificação um tanto escolar, esboça-se o aspecto educativo e comunicacional da lógica e, por conseqüência, a utilidade das artes lógicas não demonstrativas, ou seja, a retórica e a poética. De maneira indireta, encontra-se reafirmada a unidade do *organon* longo.

No *Médio comentário ao* De interpretatione, Averróis analisa esse trecho de acordo com uma dicotomia que, inicialmente, não é a do apofântico e do não-apofântico, mas a do discurso completo e do discurso incompleto:

> Entre os enunciados, uns são completos, e outros são incompletos. Entre os completos, uns são apofânticos e outros são não-apofânticos – por exemplo, a ordem e a defesa.[28]

Por conseguinte, em vez de excluir da lógica o que é retórico ou poético, o desafio consiste simplesmente em indicar o objeto específico mencionado no *De interpretatione*:

---

28. Averróis, *Commentaire moyen sur le* De Interpretatione (*CMI*), § 16, tr. fr. de A. Benmakhlouf e S. Diebler, Paris, Vrin, 2000.

o objetivo visado é o de falar apenas do enunciado apofântico.²⁹

Por outro lado, o que está afastado desse tratado não diz respeito somente à retórica ou à poética, que são discursos completos não-apofânticos, mas igualmente todos os discursos incompletos, tais como os predicáveis (definição, próprio, etc.), temas abordados nos *Tópicos* e nos *Segundos Analíticos*; aliás, Averróis limita-se a citar os *Segundos Analíticos* ou, em outras palavras, o tratado da Demonstração, o que é uma forma de sublinhar que a busca da definição tem a ver com a ciência demonstrativa e não com a dialética. Voltaremos a esse ponto, de forma mais detalhada, na seção 6 ("Um método para definir").

Por conseguinte, a retórica e a poética ocupam uma posição legítima nessa ciência do verdadeiro que é a lógica porque, como vimos, seus modos de argumentação baseiam-se em semelhanças com o verdadeiro; e também porque a lógica ocupa-se do que é comunicável. Para justificar essa postura, é necessário voltar ao primeiro capítulo do *De interpretatione*, no qual Aristóteles³⁰ enfatiza a existência de significações universais, cujas expressões ou sinais variam segundo os grupos lingüísticos. No comentário a esse trecho, Averróis coloca a ênfase, por um lado, no compartilhamento dos inteligíveis ou das noções e, por outro, nas divergências de expressões e de grafia.

> [Esses] dois modos de designação foram estabelecidos por convenção e não por natureza. Por sua vez, as noções que estão na alma são por si mesmas únicas para todos.³¹

---

29. Ibidem.
30. Aristóteles, *De interpretatione* I, 16a 3-8.
31. *CMI*, § 1.

A variação das expressões não significa que seu vínculo com os inteligíveis seja sem importância; pelo contrário, ele é essencial para a lógica. O especialista em lógica deve mostrar seu interesse pela relação dos inteligíveis com suas expressões porque, caso se ocupasse apenas dos inteligíveis, significaria que a busca da validade, objeto da lógica, diria respeito unicamente a ele próprio, como indivíduo-eremita ou solitário. Ora, ele deve estar em condições de verificar e validar as idéias dos outros com quem convive para desenvolver suas próprias perfeições, entre as quais a perfeição mais elevada, que consiste na arte de demonstrar. A própria busca da validade e da demonstração pressupõe a consideração da comunicação[32], de tal modo que venha a delinear-se uma forma de interação entre os aspectos estritamente intelectuais, no sentido do que é inteligível, e os aspectos lingüísticos, no sentido do que é exprimível. Essa interação não exclui a prioridade da demonstração sobre as outras formas de argumentação. Ocorre que o objetivo da filosofia terá fracassado se nos interessarmos unicamente pela demonstração:

> Quando as ciências teoréticas se encontram isoladas e seu detentor não possui a faculdade de explorá-las em benefício dos outros, elas constituem uma filosofia incompleta. Para ser um filósofo perfeito, é necessário possuir as ciências teoréticas e, ao mesmo tempo, a faculdade de explorá-las em benefício dos outros, de acordo com suas capacidades.[33]

---

32. Al-Farabi, *Ihsa'al-'ulum*, p. 55: "Verificamos o ponto de vista nos outros do mesmo modo que o verificamos em nós mesmos".
33. Al-Farabi, *Kitab al-Huruf* [O livro das letras], § 143-4, p. 152-6, texto estabelecido por Mushin al-Mahdi, Beirute (Líbano), 2ª ed., 1990.

Averróis encontra-se muito mais próximo de al-Farabi – chamado pelos historiadores árabes de "segundo mestre" (depois de Aristóteles) – do que de seus contemporâneos, Ibn Bajja e Ibn Tufayl, fortemente tentados, como já vimos, pela "fuga do só ao encontro do Só". Para concluir esse ponto, podemos dizer que a justificativa do interesse do especialista em lógica pela comunicação é a forma adotada por esses filósofos – e, em particular, al-Farabi e Averróis – para promover a retórica e a poética entre as artes lógicas. E, ao mesmo tempo, a função de comunicação mantém essas duas artes em uma postura de subordinação relativamente ao objetivo primeiro, ao objetivo mais nobre, da lógica: a busca da verdade demonstrativa.

Como entender essa subordinação? Se a certeza apodítica continua sendo o objetivo primeiro e principal do especialista em lógica, tal subordinação significa que a retórica e a poética são artes inferiores. Além disso, essas duas artes desempenham, por outros meios, a função demonstrativa: não é verdade que é dito que "a retórica e a poética estão mais adaptadas para instruir as massas a respeito do que foi estabelecido e verificado pela demonstração"?[34] A ênfase colocada, por um lado, na instrução e na filosofia como "arte que alguém ensina e aprende", e, por outro, no valor comunicativo da retórica e da poética, garante a continuidade entre as artes demonstrativas e as artes não-demonstrativas. Trata-se realmente de um projeto educativo na escala sociopolítica que permite reduzir essa tensão que transforma algumas artes lógicas em artes inferiores e, todavia, indispensáveis. De um ponto de vista formal, essa tensão é reduzida pelo projeto continuísta de uma prática que, do silogismo demonstrativo ao exemplo retórico, valoriza a "derivação" [*al-istinbat*].

---

34. Ibidem.

4. A generalização do silogismo

Já sublinhamos as correspondências que Averróis consegue construir entre práticas racionais de derivação ou de argumentação, tão diversas quanto o silogismo aristotélico (em particular o demonstrativo) e o silogismo jurídico (analógico). Convém, entretanto, reconhecer que, na obra de Aristóteles, Averróis não seleciona apenas o silogismo demonstrativo; ele é, antes, o herdeiro de toda a tradição dos filósofos alexandrinos – fortemente estabilizada nos escritos de al-Farabi –, tendo procedido à generalização do método silogístico a todas as artes consideradas lógicas; ora, na esteira de D. Black, designamos essa postura de terceiro pólo em favor da tese contextual de um *organon* longo.

A idéia predominante entre os filósofos alexandrinos é que todas as artes lógicas compartilham as propriedades formais do silogismo: a única distinção entre os silogismos seria material, de acordo com a natureza das premissas de cada um. A generalização do método silogístico a todas as formas argumentativas utilizadas pelo homem é justificada pela referência a um trecho dos *Primeiros Analíticos* (II, 23, 68b 9-14), já citado. A aplicação do método silogístico à retórica e à poética pelos filósofos árabes justifica-se, também, pela referência a um outro trecho do mesmo livro de Aristóteles, no qual ele define o silogismo desta maneira:

> é um discurso em que, tendo sido estabelecidas certas coisas, resulta necessariamente desses dados, por serem o que são, algo distinto do anteriormente estabelecido.[35]

---

35. Aristóteles, *Primeiros Analíticos*, 24b 18-20.

Esse trecho coloca a ênfase no processo discursivo que está na origem de qualquer ato de dedução formal. Como vimos, em seu *CMR*, Averróis define o entimema como um gênero de silogismo que deverá ser abordado necessariamente pelo especialista em lógica porque, mesmo quando não é verdadeiro, é aparentado ao verdadeiro. E al-Farabi havia insistido sobre o valor silogístico da poética:

> entre as artes silogísticas, há a arte poética, que se baseia no fato de existir na natureza humana a preferência pela ordem e pela arrumação em todas as coisas.[36]

Ao chamar nossa atenção para as partes que compõem o discurso, a poética fortalece em nós a maneira como se fazem as dependências do sentido e, por conseqüência, as derivações deste último.

Mas o que é, propriamente falando, generalizada é a estrutura formal do silogismo: é o silogismo enquanto silogismo que exprime a unidade formal das cinco artes relacionadas com a lógica.[37] Reconhecida essa estrutura formal unificada, ainda fica por abordar a diversidade de natureza das premissas e de sua classificação. Já observamos que, apesar de ser admitida, em geral, pelos filósofos alexandrinos, a classificação segundo as modalidades e os valores de verdade não era aceita por todos os filósofos árabes. A correspondência entre o absolutamente falso ou o impossível e as premissas poéticas não é reconhecida por Avicena nem por Averróis. No entanto, essa classificação é descartada também por outras razões: adotar a correspondência entre uma modalidade (o necessário, o possível, o impossível) e uma arte lógica já não fornece o meio de reconhecer entre o modo de compreensão de um

---

36. Al-Farabi, *Kitab al-Huruf* [O livro das letras], op. cit., § 129, p. 142.
37. Avicena, *Qiyas*, 42-3, "al qiyas min haythu huwa qiyas".

objeto (aspecto epistêmico) e seu modo de ser (aspecto referencial). Ora, nosso modo de compreensão do que, em si, é possível pode ser necessário em si mesmo.[38] As distinções modais são, certamente, importantes unicamente no âmbito da demonstração e do conhecimento comprovado. Nas outras artes, as modalidades suscitam confusões. Mesmo que as premissas utilizadas na retórica sejam apenas possíveis, o orador não tem de designá-las de forma tão explícita. Como seu objetivo é persuadir e não revelar a natureza das coisas, o ponto de vista imediato mobilizado pela persuasão retórica dispensa o conhecimento do modo de ser das coisas:

> Como foi dito, à semelhança da arte dialética, essa arte não tem sujeito particular. De fato, as premissas utilizadas nessas duas artes não são apreendidas pelo espírito da mesma forma que existem fora do espírito [...] Pode acontecer, segundo um ponto de vista imediato, que o necessário seja considerado como o possível e, de forma semelhante, o possível como o necessário.[39]

Se a classificação modal, em decorrência da confusão entre os dois níveis – epistêmico e referencial –, não consegue apresentar a natureza das premissas, que tipo de classificação deverá ser adotado? Uma vez mais, teremos de recorrer à noção de assentimento e chegaremos a uma classificação que coloca cada arte lógica em correspondência com a natureza das premissas: as premissas demonstrativas, aquelas que são necessariamente aceitas,

---

38. Avicena, *Isharat*, 82 3-4, tr. de Inati, 150: "Segundo Aristóteles, a verdade das premissas da demonstração é, em sua necessidade, possibilidade ou absolutidade, uma verdade necessária".
39. *Averroes' Three Short Commentaries on Aristotle's* Topic, Rhetoric, *and* Poetics, ed. por C. Butterworth, Albany, State University of New York, 1977, § 24, p. 182-3.

e as premissas dialéticas, que são amplamente aceitas; as retóricas são aceitas de um ponto de vista imediato ou pressupostas; as poéticas são imaginadas; as sofísticas assemelham-se na aparência às outras (em particular, às demonstrativas e dialéticas) e são utilizadas para induzir ao erro. O elemento unificador dessa classificação é o assentimento, mesmo que as proposições poéticas sejam relacionadas, em primeiro lugar, a uma faculdade, ou seja, à imaginação. Sabemos que, em última instância, essas premissas poéticas levam a agir (perseguir ou fugir) e, desse ponto de vista, estão submetidas também ao assentimento. Convém, no entanto, fazer uma menção especial ao assentimento retórico, já que, de alguma forma, este encontra-se a meio caminho entre o assentimento demonstrativo e o assentimento a uma metáfora poética. A partir do assentimento retórico, é possível tanto subir até as formas "perfeitas" do raciocínio, exigidas pelas ciências especulativas, quanto descer um pouco mais nas formas sociais da comunicação e da partilha, cujo ponto-limite é o idioma tão singular da metáfora poética que, não deixando de ser um raciocínio, continua sendo um ato que envolve o idioma de uma língua singular. Se a compreensão de uma metáfora é, em parte, criá-la, então, a descida operada na poética a partir das outras formas de assentimento – e, em particular, o assentimento retórico – fornece, ao mesmo tempo que uma busca de concepção e de assentimento, um saber relativo à criação literária.

5. O *assentimento retórico*

Agora, tentemos apreender, em sua especificidade, o assentimento retórico, permitindo-nos verificar seu tríplice desafio, a saber:
1) sua relação com o assentimento demonstrativo;

2) sua relação com o uso feito pelos teólogos;
3) sua estrutura "imediata", que o transforma em um consentimento aparentado à satisfação estética.

O próprio da premissa retórica consiste em fazer apelo a uma racionalidade não analisada e compartilhada por todos os homens: "básica", não específica, conforme a uma arte que não tem objeto particular. Aristóteles apresenta a retórica como "a faculdade de considerar, em cada questão, o que é próprio a persuadir".[40] Essa afirmação é compreendida por Averróis deste modo: a retórica é a arte de persuadir em qualquer coisa singular; ora, "[para Aristóteles], qualquer coisa singular é cada singular existente em cada uma das dez categorias".[41]

Essa correspondência entre o objeto não específico da retórica e seu aspecto transcategorial remete-nos à tese contextualista da lógica. A expressão aristotélica "persuadir sobre cada questão" é compreendida em um sentido lógico: persuadir a propósito dos dez gêneros (a lista das dez categorias é considerada fechada).[42] Delineia-se, assim, a afinidade entre as *Categorias* e a *Retórica*:

---

40. Aristóteles, *Rhétorique*, 1355b 25-27, tr. fr., Paris, Livre de Poche, 1997, p. 82.
41. *CMR*, p. 28.
42. I. Madkour, *L'Organon d'Aristote dans le monde arabe*, 2ª ed., Paris, Vrin, 1969, p. 84-5. O autor cita o trecho de Avicena que justifica esse limite do mínimo das categorias: "O fato de que as dez categorias não compreendem todos os objetos não é um defeito; uma só poderia levar a contestar seu valor, porque existem objetos que têm gêneros fora delas. E como não é necessário que cada objeto tenha semelhantes para formarem juntos uma espécie, pode ocorrer a existência de indivíduos isolados, sem espécie e, por maior força de razão, sem gênero, que estejam fora de qualquer categoria; o que não impede de afirmar que as categorias são somente dez, já que o que é excluído delas não é uma categoria em si, nem incluído em uma nova categoria. Se, por exemplo, dissermos que, no mundo, só existem dez cidades, essa asserção não será invalidada se, fora dessas cidades, existirem nômades".

1) Nos dois casos, temos uma generalidade e uma indeterminação. Al-Farabi não hesita em representar as *Categorias* no estágio do conhecimento mais indeterminado (o dos prisioneiros da caverna)[43];

2) Segundo ele, as categorias apenas requerem a evidência dos sentidos para serem apreendidas.[44] O objeto tanto da retórica quanto das categorias é sensível; à semelhança da premissa retórica, as dez categorias estão ao alcance de todos.

O conceito geral que prevalece entre os comentadores árabes para caracterizar o objetivo da retórica é *iqna'* (a persuasão, no sentido ativo do termo). Sua raiz encontra-se nos textos de Aristóteles; a retórica é precisamente a arte de discernir os meios de persuasão implícitos em todos os temas possíveis de debate e de discussão:

> É, portanto, evidente que a retórica não faz parte de um único gênero, mas opera como a dialética, além de ser útil.[45]

Ao retomar essa definição, os filósofos árabes colocarão a ênfase no que poderia ser designado por epistemologia da persuasão ou, dito por outras palavras, nos vínculos entre a persuasão e os fins cognitivos perseguidos pelas outras artes lógicas, em particular a arte demonstrativa e a arte dialética. Como já vimos, o desafio é tríplice, na medida em que se trata de:

---

43. Al-Farabi, *Didascalia in Rethoricam Aristotelis* (texto conservado em latim), ed. de Langhade e Grinaschi, Beirute (Líbano), Dar al Machreq, 1971, p. 213-4.
44. Al-Farabi, *Kitab al-Huruf*, op. cit., p. 105 1-7, em que é afirmado que as categorias não podem abordar os seres imateriais; a substância que é perfeita e permanente está fora das categorias.
45. Aristóteles, *Retórica*, 1, 1 1355b 10-12.

1) Criticar os teólogos especulativos que orientaram os argumentos religiosos para o terreno da dialética, ao passo que seu método continua sendo, em grande parte, retórico.

2) Distinguir entre o assentimento produzido pela demonstração, que não padece de nenhuma deficiência epistemológica, e o assentimento retórico, que se baseia apenas na harmonia das opiniões. Essa distinção é, todavia, compatível com a imitação retórica do raciocínio demonstrativo.

3) Aproximar o consentimento retórico do prazer estético.

Vejamos o primeiro desafio. Averróis considera que os teólogos são responsáveis pela grande confusão reinante entre o povo porque eles utilizam argumentos complexos para falar dos princípios simples da fé; além disso, atacam a filosofia a pretexto de salvaguardar a fé, que acabam tornando opaca para sempre. De que modo combater esses teólogos? Como mostrar a inanidade de seus procedimentos dialéticos?

Para Averróis[46], a confusão que surge das afirmações dos teólogos vem da confusão que eles próprios fazem entre o que pode ser verdadeiro acidentalmente e o que é verdadeiro em si. As premissas retóricas são convincentes à primeira vista, suscitam a adesão sem serem debatidas. Os teólogos colocam em debate o que não é feito para isso; esquecem que o método dialético pelo qual sentem tamanha afeição ocupa-se apenas do que não é muito evidente nem suscetível de discussões intermináveis. Ora, a religião é o domínio do evidente por si ou do mistério insondável, duas características que a aproximam do que é visado pela

---

46. *Averroes' Three Short Commentaries on Aristotle's* Topics, Rhetoric, *and* Poetics, ed. C. Butterworth, op. cit., § 17, p. 67.

persuasão retórica: suscitar a adesão à primeira vista, sem qualquer análise. À semelhança do procedimento de Aristóteles em seu tratado sobre a retórica, Averróis não cessa de sublinhar os pontos comuns entre o método retórico e o método dialético. Nos dois casos, o assentimento pode referir-se, segundo a oportunidade, a uma das duas proposições opostas, com esta diferença: em dialética, temos consciência, em geral, dessa oposição, ao passo que, em retórica, não existe tal consciência, em razão do princípio de imediatidade do assentimento:

> Esta arte [a retórica] é uma parcela da arte da lógica e assemelha-se à dialética porque tem como objeto duas proposições opostas e não diz respeito a determinado assunto em relação ao qual a certeza pode ser adquirida.[47]

Assim, retórica e dialética são semelhantes quanto aos meios utilizados: o entimema é "um silogismo retórico" e o exemplo é uma "indução retórica".[48]

Quanto ao segundo desafio, equivale a distinguir o demonstrativo do retórico. Nesse caso, a confusão instala-se porque as evidências que suscitam a adesão à primeira vista, produzidas pelo assentimento retórico, são consideradas, às vezes, como evidências apodíticas. Na *Epístola sobre o intelecto*, al-Farabi adverte-nos contra essa confusão corrente entre os teólogos:

> Os teólogos pressupõem que o intelecto, a propósito do qual falam continuamente, é o intelecto mencionado por Aristóteles nos *Segundos Analíticos*; ora, este é o intelecto visado por eles. Mas, se analisares atentamente o que os

---

47. Ibidem, p. 34.
48. Ibidem, p. 35.

teólogos consideram como primeiras premissas, verificarás que todas elas são, sem exceção, premissas adotadas sem análise, à primeira vista. Eis por que eles visam a uma coisa, mas, de fato, utilizam outra.[49]

O assentimento retórico é o de um público que não tem elemento crítico e informado sobre o fundamento de sua adesão; entretanto, esta continua sendo o sinal de uma capacidade racional mínima, que se exerce nos raciocínios elaborados para conduzir os afazeres cotidianos. O raciocínio retórico é chamado entimema: trata-se de um silogismo em que falta uma premissa e suscita a adesão à primeira vista; é um discurso composto por duas premissas conjugadas cuja utilização acaba por omitir uma delas. É chamado "entimema" [do grego *enthumema*: o que se elide] porque a pessoa que o utiliza anula uma das premissas, deixando-a implícita – poderíamos até mesmo dizer, íntima. O entimema só se torna persuasivo quando uma das premissas é omitida; nesse caso, a adesão pressupõe o implícito:

> A massa não é capaz de compreender a inferência da conclusão que se segue às várias premissas; do mesmo modo, ela não estabelece a diferença entre a conclusão e aquilo de onde esta é tirada. Em um silogismo, a massa não distingue as premissas da conclusão, mas apresenta uma premissa à qual ela junta a conclusão – por exemplo, ao dizer que "fulano vagueia à noite, logo é um ladrão", sem ter afirmado antes que "todos os que vagueiam à noite são ladrões", que é a premissa maior.[50]

---

49. Al-Farabi, *Epître sur l'intellect*, texto estabelecido por M. Bouygues, 2ª ed., Beirute (Líbano), Dar al-Machraq, 1983, p. 11-2. O trecho dos *Segundos Analíticos* é aquele que, em 99b 15-30, defende a existência de primeiros princípios da demonstração.

50. *CMR*, p. 39.

É assim que, na retórica, admite-se a elipse do que é exigido porque,

> quando alguém dá a conhecer o que é exigido e o que implica tal exigência, é como se tivesse procedido a uma dupla afirmação da coisa, o que é ridículo para a adesão à primeira vista.[51]

Vemos que a massa tem uma concepção grosseira do que é uma inferência[52]; suas necessidades lógicas devem ser satisfeitas por argumentos adaptados, retóricos, em que o explícito dá lugar aos procedimentos da elipse. Portanto, a persuasão à primeira vista, sem análise, pressupõe a elipse de uma premissa. Por quê? A razão vem do fato de que a premissa omitida pode conter um elemento manifesto de falsidade que, tornado explícito, já não consegue a adesão: se, ao argumento "este homem vagueia à noite, logo ele procura uma oportunidade para roubar", for acrescentado "todos os que vagueiam à noite procuram uma oportunidade para roubar", instala-se a dúvida no público e já não é possível contar com a adesão à primeira vista.

Em terceiro lugar, o assentimento a algo é, como vimos, o que serve de base para caracterizar como lógicas as práticas de discurso tão distintas quanto a demonstração ou o entimema. Para Avicena, tal assentimento detém-se na fronteira da retórica, considerada como a sétima arte lógica; por sua vez, a oitava, ou seja, a poética, em vez de um ato de assentimento, produz um ato de imaginação que exorta o público a fazer, ou não, algo. Para Averróis, a própria poética produz um assentimento; o silogismo

---

51. Ibidem, p. 41-2.
52. Pode-se dizer, igualmente, que o detentor de uma concepção grosseira do que é uma inferência faz parte da massa: definição não *substancial* que abre interessantes perspectivas...

poético produz imagens que inspiram à alma o desejo de uma coisa ou, então, o pavor, a indignação, etc. Nas obras poéticas, existe realmente uma razão subjacente: esta emerge essencialmente da *mimesis*. Em toda produção artística, existe uma imitação das coisas sensíveis que dá prazer aos homens. Tudo isso é bem aristotélico. Em um trecho da *Retórica*, o filósofo grego escreve:

> Como é agradável aprender e maravilhar-se, assim como fazer outras coisas análogas; daí, resulta necessariamente que a imitação o é também – por exemplo, a pintura, a estatuária, a poesia e tudo o que é uma boa imitação, mesmo que o próprio tema dessa imitação não seja agradável. De fato, não é dele que vem o prazer, mas do raciocínio que leva a dizer "é exatamente isso" e na seqüência ocorre que se aprende algo.[53]

Ao comentar esse trecho, Averróis utiliza a palavra "raciocínio" no sentido técnico de silogismo e observa que a imagem e o objeto que ela evoca são análogos às premissas e à conclusão de um silogismo:

> O que faz que as coisas existentes sejam imitadas não nos dá prazer porque a forma semelhante é bela ou não, mas, antes, porque existe nela um tipo de silogismo e uma forma de levar a conhecer o mais oculto, ou seja, a coisa ausente, que é a coisa comparada, através do mais aparente, isto é, a comparação. De fato, existe de algum modo, na imitação, uma forma de instrução que é estabelecida por silogismo na medida em que a imagem tem o estatuto de uma premissa e a coisa evocada e tornada inteligível pela imagem é a conclusão.[54]

---

53. Aristóteles, *Rhétorique*, 1371b 4-10, op. cit., p. 151.
54. Ibidem, p. 187.

A analogia é evidentemente forçada porque, em um silogismo, as premissas são predicações. Ora, no discurso poético temos, de preferência, comparações: "fulano é sábio" (S é P) é algo diferente de "fulano é uma lua" (S é S'). Entretanto, ao forçar a analogia, Averróis desenvolve uma interpretação logicizante que fortalece a tese contextualista de um *organon* longo.

O assentimento é realmente uma noção que permite graduar a verdade segundo o grau de certeza do argumento visado. Entretanto, deparamo-nos com uma flutuação não da verdade, mas, antes, do *considerar como verdadeiro* ou *dizer a verdade*. Teríamos uma flutuação da verdade se o assentimento fosse reduzido ao consentimento. Certamente, sob sua forma retórica ou poética, ele assume tal aspecto, mas, nesse caso, na proporção de seu déficit de verdade, considerando que o verdadeiro exige princípios firmes e que o prazer ou o consentimento não apenas suporta a flutuação, mas também a pressupõe.

Por conseguinte, o horizonte do assentimento continua sendo, se não a verdade, pelo menos, a veracidade. Assim, a terminologia do verdadeiro e do falso leva Averróis a estabelecer a distinção clara, no plano das noções, entre dois pares: *sidq/kadib* (verdade/falsidade) e *yussadaq/yukaddab* (considerado como verdadeiro/considerado como falso). Esses pares não são intercambiáveis. Ao se tratar de *dizer* a verdade, são utilizadas as expressões "considerar como verdadeiro" e "considerar como falso"; em compensação, na apresentação das regras da partilha entre verdade e falsidade ou, então, na apresentação das condições para a aplicação do verdadeiro e do falso, são utilizados os termos de verdade e de falsidade ou de verdadeiro e de falso.

É o enunciado apofântico, como suporte de asserção, que é suscetível de ser considerado verdadeiro ou falso. No *Comentário* ao *De interpretatione*, § 20, é afirmado que nosso assentimento refere-se ou não a tal enunciado; em compensação, os substantivos e os verbos, componentes do enunciado, não são em si mesmos "verdadeiros ou falsos", tampouco as noções que designam. Esses termos e essas noções, considerados isoladamente, não levam a um enunciado e, por conseguinte, não podem receber a marca de verdade ou de falsidade:

> A verdade e a falsidade só estão associadas às noções inteligíveis e às palavras que as designam quando são compostas umas com as outras ou separadas umas das outras.[55]

Além disso, quando Averróis pretende indicar que as proposições têm uma marca de verdade ou de falsidade, feita abstração de nosso assentimento, utiliza o par verdade/falsidade e não o par "considerar como verdadeiro"/"considerar como falso":

> No caso dos fatos existentes no tempo presente e no passado, convém necessariamente que se faça a partilha entre verdade e falsidade de tal modo que, em si mesmas, uma seja verdadeira e a segunda falsa, independentemente de sermos capazes de reconhecer, ou não, a verdadeira da falsa.[56]

Existe o definido *em si* e o conhecido *por nós*, o verdadeiro em si e o que é considerado como verdadeiro por nós; tais distinções revelam-se úteis para a análise das proposições futuras do tipo "A batalha naval travar-se-á amanhã" ou "a batalha naval não será travada amanhã",

---

55. *CMI*, § 3.
56. Ibidem, § 28, p. 100.

ou seja, proposições possíveis sem marca de necessidade. As proposições opostas para as quais se procede, de maneira definida, à divisão entre verdade e falsidade são aquelas que têm a ver, somente, com os fatos necessários[57]; ora, esses fatos são passados ou presentes e nunca futuros.

6. Um método para definir

Os silogismos são compostos por premissas que, segundo indica a arte dialética, são obtidas a partir de problemas concretos. No que se baseia a distinção entre um problema e uma premissa? À primeira vista, seria possível pressupor que os problemas fossem apresentados sob a forma interrogativa e as premissas sob a forma afirmativa; assim, o elemento distintivo da forma seria, em um caso, a interrogação e, no outro, a afirmação. Esse não é o caso: os dois apresentam-se sob a forma interrogativa. A distinção encontra-se em outro lugar: quanto à premissa, ela apresenta o que poderá ser considerado como parte de um silogismo; relativamente ao problema, trata-se do que um opositor coloca em evidência, ao manter a proposição oposta. A proposição-premissa apresenta-nos um conteúdo de julgamento à espera de confirmação: a expressão "'animal pedestre bípede' não será uma definição do homem?". Eis uma proposição ou, ainda, "'animal' não será o gênero do homem?". A definição está presente sob a forma interrogativa, mas não é problemática, na medida em que é apresentada como ponto de partida da discussão. Em compensação, para um problema, dir-se-á: "'animal pedestre bípede' será, ou não, uma definição do homem?".

---

57. Ibidem, § 38.

Dessa vez, a definição deixa de ter qualquer valor de ponto de partida da discussão: essa é a questão formulada por quem, no meio de seu raciocínio, interroga-se para saber se – sim ou não – a definição é exatamente aquela que é proposta.

Dessa distinção, vamos fixar que o modo afirmativo não é distintivo das premissas; tem relação apenas com uma economia da língua que deixou de apresentar as definições, por exemplo, sob o modo "não é verdade?". Essa economia da língua torna-se uma comodidade na elaboração dos silogismos: nesse caso, as proposições-premissas são consideradas ponto de partida do raciocínio.

Perante esses desenvolvimentos aristotélicos, alguns pensadores – entre os quais, al-Farabi, seguido por Averróis – sistematizaram essa distinção entre problemas e premissas até o ponto de ler nela uma diferença entre o projeto do *Peri Hermeneias* e o dos *Primeiros Analíticos*. No primeiro caso – em particular pela apresentação das proposições opostas (sobretudo as contraditórias) –, Aristóteles limitar-se-ia a propor-nos apenas problemas, na medida em que seu objetivo não era construir raciocínios, ou seja, silogismos, mas simplesmente mostrar a oposição entre proposições. Em compensação, nos *Primeiros Analíticos*, o objetivo seria outro: pela teoria do silogismo apresentada nesse texto, Aristóteles seria levado a considerar as premissas como componentes de um raciocínio, e não como problemas, partes de uma oposição:

> Esse livro [o *De interpretatione*] reúne as partes que permitem conhecer as premissas e os problemas; todavia, ele é dedicado aos problemas enquanto problemas e por conterem coisas que lhes são próprias e que os distinguem das premissas; quanto às premissas, ele limita-se a mencionar o que estas têm em comum com os problemas.

Nesse livro, o objetivo primeiro de Aristóteles consiste em procurar a explicação dos problemas e não tanto a das premissas; a premissa enquanto premissa está ligada ao silogismo; eis por que ele só procedeu à sua análise quando pôde dizer o que era o silogismo.[58]

E, ao comentar o trecho do *Tópicos* (I, 4, 101b 28-33), Averróis afirma o seguinte:

> Quanto ao sujeito, as premissas e os problemas formam uma só coisa; e, quanto ao modo, duas. Assim, chama-se premissa o argumento declarativo, apresentado sob o modo da concessão (assentimento) para tornar-se componente de um silogismo; e se esse argumento for submetido à análise a fim de defender ou refutar um dos dois contrários de que é composto, chama-se problema.[59]

As premissas e as questões têm o mesmo sujeito, o mesmo conteúdo, embora diferente do ponto de vista formal. Um argumento declarativo [*jazim*], apofântico, se for estabelecido sob o modo da aceitação e for componente de um silogismo é, então, chamado premissa; se for colocado sob o modo do estabelecimento de uma das duas contraditórias que contém, ou se for descartado, é uma questão. Em qualquer premissa, como em qualquer questão, o predicado é um gênero, um próprio, uma definição ou um acidente. *Tópicos* é uma análise metódica das condições exigidas por uma definição; trata-se de uma obra que enumera os *topoi*, ou seja, os princípios que permitem formar as premissas dos silogismos. Levam em consideração os predicáveis (gênero, próprio, definição,

---

58. *Al-Farabi's Commentary on Aristotle's* Peri Hermeneias, 2ª ed., ed. W. Kutsch e S. Marrow, Beirute (Líbano), 1971, p. 19-20.
59. *CMT*, p. 16.

acidente) com o intuito de verificar as condições para elaborar a definição adequada. A partir desses *topoi*, Averróis chega a estabelecer uma hierarquia entre aqueles que são demonstrativos e os que são verossímeis ou precariamente persuasivos ou, até mesmo, verbais.

A distinção entre problema e premissa, retomada no *Médio comentário aos* Primeiros Analíticos, permite orientar nossa atenção sobre o objetivo do silogismo, que consiste em responder a uma questão. Ao lembrar em cada circunstância o problema levantado, Averróis mostra melhor a conexão entre a forma da conclusão do silogismo e a forma da questão formulada, já que a conclusão vai escolher/conservar uma das duas proposições opostas.

Desse primeiro percurso, vamos fixar que, à semelhança do próprio, do gênero ou do acidente, a definição aparece em um problema ou em uma proposição; além disso, segundo sua presença em um caso ou em outro, ela é problemática e submetida a uma eventual objeção, ou proposta e submetida a um raciocínio.

Aristóteles dedica dois livros dos *Tópicos* à definição; em seu *Comentário* (CMT), Averróis atribui-lhe a mesma importância. A definição é apresentada como o argumento que incide sobre a essência da coisa: definir uma palavra é substituí-la por uma palavra mais conhecida. O método de Averróis, cuja intenção é claramente didática, consistirá em mostrar, em todas as oportunidades, um contra-exemplo ou fornecer um exemplo do que não deve ser feito; ora, esse procedimento não se encontra no texto original de Aristóteles. Assim, ao enumerar, na esteira do filósofo grego (*Tópicos*, VI, 139a 25 e seg.), as cinco condições exigidas para definir, Averróis multiplica os exemplos:

1) a primeira condição é que a definição refira-se a *todo* o definido; não pode existir uma parte da definição que seja verdadeira e uma outra falsa. Por conseguinte,

segundo Averróis, convirá evitar dizer: o homem é um animal não mortal, eterno;

2) a segunda menciona que o gênero deve ser considerado, compreendido na definição, e que lhe seja acrescentada a diferença específica. Um contra-exemplo é apresentado no *Comentário* de Averróis: definir o homem como aquele que pode semear e proceder à colheita;

3) a terceira condição indica que a definição deve ser equivalente ao definido. Averróis acrescenta: caso contrário, a definição é mais, ou menos, geral do que o definido. Em Aristóteles, não existe reflexão nesse estágio sobre a extensão dos termos na definição. Por sua vez, Averróis apresenta dois contra-exemplos: para a definição mais geral do que o definido, "o homem é um animal que tem dois pés"; para a mais particular, "o homem é vendedor de sal";

4) tendo respeitado essas três condições, é possível não ter conseguido elaborar a definição;

5) e, tendo conseguido elaborá-la, é possível que a definição não seja correta, nem adequada.

O Livro VI dos *Tópicos* é dedicado à análise das duas últimas condições. A quarta condição impõe evitar a falta de clareza das expressões, assim como as redundâncias ou superfluidades. Quanto à justeza presente na quinta condição, Aristóteles sublinha que é necessário definir pelos termos anteriores e mais conhecidos, "à semelhança do que é feito na demonstração" (141 a 28). A tal postura, Averróis acrescenta: "porque as demonstrações são definições em potência, como foi afirmado nos *Segundos Analíticos*". O desafio desse *Comentário* é considerável: para Averróis, a arte dialética que nos ajuda a descobrir, aqui, as definições, deve aproximar-se o mais possível da arte demonstrativa. Somente essa aproximação permite-lhe romper os vínculos sedutores da ambiguidade, que haviam sido fortalecidos, continuamente, pelos teólogos.

Desse modo, Averróis explicitou o vínculo entre definir e demonstrar de uma forma inédita: ele justificou a idéia de um silogismo da essência, ou seja, a possibilidade de analisar, de forma demonstrativa, uma definição.

Assim, por exemplo, a questão "por que há trovões?" recebe como resposta "em razão da extinção do fogo nas nuvens", o que é uma resposta demonstrativa. Se formulamos a questão "o que é um trovão?", a resposta sob a forma de definição será a seguinte: "um ruído nas nuvens em razão do fogo que se extingue nelas". Por meio desse último exemplo, vemos que, entre definição e demonstração, existe apenas a diferença de formulação.

Entretanto, Aristóteles havia observado que a prática da definição raramente é objeto de uma demonstração, sendo considerada, de preferência, como o princípio de uma demonstração, de acordo com o exemplo dos geômetras. O texto de Aristóteles foi traduzido para o árabe em um sentido que renovou sua compreensão; na tradução francesa de Tricot, afirma o seguinte:

> Convém saber que, nas discussões, nunca – ou, de qualquer forma, raramente – chegamos a uma definição pelo raciocínio, mas consideramos sempre a definição como o ponto de partida: eis o que é feito, ao mesmo tempo, em geometria, em aritmética e nas outras disciplinas análogas.[60]

Eis o mesmo texto na tradução árabe consultada por Averróis:

> Em primeiro lugar, devemos saber que nenhum dialético, ou um número reduzido deles, chega a uma definição por

---

60. Aristóteles, *Topiques*, 153a 7-25, tr. fr., Paris, Vrin, p. 298.

meio do silogismo; entretanto, todos consideram a definição como princípio, de acordo com os geômetras, os aritméticos e as outras disciplinas análogas.[61]

Dessa constatação, Averróis tira a conclusão de que a diferença não é entre geômetras e dialéticos, mas entre duas maneiras de conceber a dialética: demonstrativa ou não demonstrativa. Por conseguinte, ao comentar esse trecho, Averróis incita os dialéticos a construir sua arte a partir do modelo da arte demonstrativa. Em vez de se contentarem, à maneira dos geômetras, com definições convencionais ou nominais, ponto de partida de uma demonstração, devem, de preferência, perscrutar a essência das coisas a fim de apresentá-las em uma definição que terá o aspecto de uma demonstração.

7. Elite e massa

O projeto de conhecimento, já mencionado, de que o Corão é portador, pressupõe uma atividade de aprendizagem; sua descrição por Averróis levará em consideração, em todas as oportunidades, a diferença entre a elite dos eruditos, que tem acesso à demonstração, o comum dos crentes [*al-jumhur*], que tem acesso apenas ao próprio Livro, sem os instrumentos para decodificá-lo, e os teólogos [*al-mutakallimun*], que levantam dúvidas em relação ao sentido aparente do texto sagrado sem dispor de meios para resolvê-las.

A atividade de derivação do sentido [*al-istinbat*] – que descrevemos como essencial – é elogiada já nos textos do avô de Averróis nestes termos:

---

61. Citado na nota 1 da p. 380 do *CMT*.

Deus eleva aqueles que têm fé e aqueles que atingiram graus elevados no saber, graças ao cuidado, à consideração manifestados aos versículos de Deus, dos quais souberam derivar [*istinbat*] regras prescritas por Deus.[62]

Por sua vez, Averróis empenhar-se-á em regulamentar essa atividade da derivação. A distinção entre os eruditos – também conhecidos como "pessoas da demonstração" – e a massa, ou seja, o comum dos crentes, é de primordial importância: convém distinguir os níveis de leitura do texto sagrado para evitar a arbitrariedade nas interpretações e sua falta de clareza. Se é certo que, em vez de uma mensagem, o profeta Muhammad é, sobretudo, portador de um Livro, a atenção prestada ao escrito deve ser meticulosa. Haverá ou não contradição entre alguns trechos do Corão, como afirmam certos comentadores? Será possível negligenciar determinados trechos e valorizar outros, ou deve-se ler o conjunto sem *a priori* axiológico? Todas essas questões serão tratadas levando em consideração a diversidade dos públicos.

Vejamos como exemplo a questão da corporeidade de Deus. O método de Averróis não consistirá em dar uma resposta afirmativa ou negativa, através da construção de argumentos em favor da tese (corporeidade) ou da antítese – ou seja, o método dialético adotado pelos teólogos que conduz, infalivelmente, à infidelidade em relação, não tanto ao Islã, mas ao texto.

O que afirma o Corão? Um grande número de passagens menciona o olho e as mãos de Deus (surata da vaca, versículo 115, e surata do *futuh*, versículo 10). Tudo leva a crer, por conseguinte, que a tese está credenciada e, entretanto, não se encontra explicitamente enunciada porque em

---

62. Ibn Rushd, *MM*, p. 14.

nenhum momento é afirmado que Deus tem um corpo; o mesmo pode ser dito a respeito da antítese. O método de Averróis consiste em perguntar: "Quem formula a questão?". Se for a massa, que dificilmente poderá contentar-se com a perplexidade da resposta do tipo "nem corporal, nem incorporal", convém responder com um outro versículo: "Ele é incomparável, aquele que escuta tudo e é onividente" (versículo 11 da surata *axxura*). "Nesse caso, é posto um termo à questão", diz Averróis, por três razões:

1) a primeira é que o público não informado não tem acesso à demonstração que consiste em provar que Deus é incorporal;

2) a segunda é que esse mesmo público adota como único critério da existência o que pode ser imaginado e sentido; "se lhe for dito que existe alguém sem corpo" sem que possa imaginá-lo, esse alguém torna-se para ele um inexistente;

3) por último, a opção pela não-corporeidade generaliza a dúvida e a perplexidade em relação a vários outros versículos, incluindo os que se referem ao Juízo Final.

Convém reconhecer que o tratamento dessa questão pode parecer um modo de liquidá-la. Assim, Averróis não deixa de abordá-la de outra maneira; de fato, o público não informado e que não tem acesso às longas cadeias de razões formula-se, todavia, uma questão "natural": se Deus não tem a corporeidade, tampouco a não-corporeidade, então, quem é ele? Em que consiste sua natureza? Ainda nesse aspecto, ao legitimar a questão, Averróis responde servindo-se do texto sagrado:

> Ele é luz. Eis o atributo pelo qual o próprio Deus se descreve em seu Livro, [...] quando afirma: "Deus luz dos céus e da terra".[63]

---

63. *KM*, p. 142.

Esse atributo é particularmente adequado porque, além de respeitar o único critério da existência exigido pela massa – a saber, o elemento sensível –, ele não tira a conclusão de sua corporeidade; sem contar que a "luz, que é o sensível mais nobre, deve representar, para a massa, o mais nobre dos existentes".[64]

A escolha desse atributo divino – a luz – aparece, por conseguinte, como criterioso por se tratar de uma metáfora que, longe de desdobrar a natureza de Deus, amplia o sentido totalmente intelectual que o erudito pode atribuir a Deus para torná-lo acessível ao comum dos crentes. Trata-se de um dos temas constantes da filosofia árabe medieval, a saber: o do não-acesso das massas aos inteligíveis. Ibn Bajja já observara, no *Ittissal al-aql bil-insan* [Tratado sobre a união do intelecto com o homem], que a situação da massa

> em relação aos inteligíveis é como a situação daqueles que se encontram em uma caverna onde o sol não se levanta para que o enxerguem; mas eles vêem todas as cores na escuridão.[65]

O homem comum não tem idéia da existência da luz, abstração feita das cores, e tampouco da existência do intelecto. Em compensação, os homens de saber têm o estatuto daqueles que, saídos da caverna, podem enxergar a luz, abstração feita das cores. Quanto aos bem-aventurados, não pertencem aos que enxergam, mas *são* as próprias coisas. Essa última categoria marca a forte influência do neoplatonismo sobre Ibn Bajja, já que se encontra, em Plotino, a expressão, segundo a qual, aqueles

---

64. Ibidem, p. 144.
65. M. Fakhry, *Ibn Ruschd, faylasuf qurtuba* [Ibn Ruschd, filósofo de Córdoba], 2ª ed., Beirute (Líbano), Dar al-Machreq, 1986, p. 168.

que têm pleno acesso aos inteligíveis tornam-se esses inteligíveis.[66]

O célebre trecho da *República*, de Platão, sobre a saída da caverna, evocado aqui por Ibn Bajja, teve um duplo destino em nossos filósofos: por um lado, ele consolidou a tese da distinção entre a elite e a massa; por outro, foi harmonizado com o *organon* de Aristóteles para explicar a cadeia educativa.

Dois textos – um de al-Farabi e outro de Averróis – apresentam uma imbricação estreita entre Platão e Aristóteles: a caverna tem uma estrutura semelhante à do *organon*. Por meio dessa dupla imagem, lê-se a concepção do saber relativamente à elite e à massa. No texto de al-Farabi, lê-se o seguinte:

> E o exemplo que Platão dá em seu livro a *República*, a respeito da caverna – a maneira como o homem sai da caverna e, em seguida, retorna a ela –, é perfeitamente adaptado à ordem que Aristóteles colocou nas partes da lógica.[67]

Essa harmonia entre Platão e Aristóteles, estudada em uma das obras de al-Farabi[68], está aqui a serviço de uma concepção singular da educação. O primeiro tratado na área da lógica de Aristóteles, as *Categorias*, é considerado uma apresentação geral que se aplica a todas as coisas sem revelar-lhes a essência; corresponde ao estado do prisioneiro da caverna que não "se conhece a si

---

66. Plotino, *Enéades*, VI, 5, 7, op. cit., p. 204: "Na participação da verdadeira ciência, nós somos os seres; não os recebemos em nós, mas estamos neles. E, como outros, também nós somos todos, eles e nós, os seres".
67. Al-Farabi, *Didascalia in Rethoricam Aristotelis*, op. cit., p. 213-4.
68. Al-Farabi, *L'Harmonie entre les opinions de Platon et d'Aristote*, texto árabe e tradução, Instituto Francês de Damasco (Síria), 1999.

mesmo nem aqueles que estão em sua companhia quando os olha".⁶⁹ É gradualmente que o homem é levado a enxergar os outros e as coisas de acordo com a respectiva essência; é, portanto, gradualmente que é levado ao encontro da "ciência mais perfeita", mencionada por Aristóteles nos *Segundos Analíticos*, ou seja, a ciência da demonstração. É nessa etapa que o homem

> conhece-se a si mesmo e os que estão em sua companhia, através do conhecimento da obscuridade e da sombra deles mesmos; no fim, vê-se a si mesmo e os que estão em sua companhia por sua própria visão e já não através de sua sombra e de sua obscuridade.⁷⁰

É, portanto, exatamente a luz que orienta toda a cadeia educativa, permitindo assim a al-Farabi conciliar a prática silogística de Aristóteles com o conhecimento de si, segundo a saída da caverna:

> É, portanto, verossímil que, no exemplo do mito, Platão tenha empreendido a via seguida por Aristóteles na transmissão da lógica.⁷¹

É de acordo com essa tradição que Averróis lê a *República*, de Platão; seu comentário é atravessado por um método e uma temática aristotélicos. Assim, reencontramos a distinção entre os três tipos de argumentos (retórico, dialético, demonstrativo) quando se trata de explicar a diferença de saber existente entre os guardas da cidade e os artesãos. Estes últimos encontram-se no mesmo plano dos discursos de cunho poético ou retórico, até

---

69. Al-Farabi, *Didascalia in Rethoricam Aristotelis*, op. cit., p. 213.
70. Ibidem.
71. Ibidem.

mesmo dialético, em determinados casos; por sua vez, os guardas têm acesso aos discursos demonstrativos. Reencontramos a gradação platônica adaptada ao *organon* aristotélico no comentário do trecho 377. Depois de lembrar que os discursos educativos referem-se às coisas especulativas e às coisas práticas, Averróis procede à sua distribuição em duas espécies: "os discursos demonstrativos e dialéticos; em seguida, os discursos retóricos e poéticos".[72] Ele acrescenta que os discursos poéticos convêm melhor às crianças: ao crescerem, algumas, "segundo sua natureza", poderão ser iniciadas nos discursos demonstrativos; "tornam-se, nesse caso, filósofos"; aquelas que não têm essa capacidade, contentar-se-ão com os discursos dialéticos. Por sua vez, a outra espécie de discursos, compreendendo o retórico e o poético, convém à juventude em geral.

Quanto aos guardas da cidade que, segundo Platão, devem ser iniciados na aritmética, Averróis indica que seria preferível começar por ensinar-lhes a lógica. A razão pela qual Platão colocou a aritmética em primeiro lugar é que, "em sua época, a arte da lógica não estava desenvolvida".[73] Ainda nesse aspecto, ao comentar Platão, Averróis não esquece a lição de Aristóteles: além da preocupação metodológica, que vem diretamente do Estagirita, a justificação, por sua leitura dos antigos, da distinção extremamente operatória, elaborada em suas obras originais – aquelas que não são comentários da filosofia grega –, entre elite e massa.

Essa distinção reencontra-se na forma do próprio escrito. Por exemplo, em relação às obras gregas, serão utilizadas três formas de comentários: *ad literam, ad sensum* e os resumos. Os comentários *ad literam* receberam a

---

72. *CMRP*, p. 124.
73. Ibidem, p. 201.

denominação de *Grandes comentários*, obra tardia de Averróis: nesse caso, trata-se de restituir integralmente o texto do autor a ser comentado; de restituir, também, os comentários antigos, em geral os de Temístio (317-88) e de Alexandre de Afrodísio (fim do século II-início do século III), além de propor uma forma de comentário retificativo e sintético. Esses comentários ficam à disposição dos eruditos e, por conseguinte, dirigem-se apenas à pequena comunidade formada pelas "pessoas da demonstração".

Os comentários da segunda espécie – *ad sensum* –, chamados *Médios comentários*, seguem o texto a comentar, sem citá-lo integralmente; colocam a ênfase nos pontos difíceis e fornecem uma explicação concisa sem referir-se, de forma detalhada, às interpretações existentes. Esses comentários estão destinados às pessoas informadas, categoria mais ampla do que a precedente, sem por isso abranger o grande público.

Por último, existem os resumos: trata-se de pequenos livros que apresentam sínteses, sem seguir de forma ordenada os argumentos do texto a comentar; destinam-se a um amplo público e contêm o necessário para uma cultura universal. Às vezes, Averróis elaborou essas três formas de comentário para as mesmas obras. Assim, o *De anima* de Aristóteles ocasionou tanto um *Grande comentário* quanto um *Médio comentário*; o mesmo ocorreu com os *Segundos Analíticos*. Para as diferentes obras da área da lógica, dispomos de *Médios comentários*; todavia, Averróis escreveu, igualmente, o *Necessário em lógica*, que é uma forma condensada da lógica de Aristóteles, uma espécie de compêndio para servir de orientação no saber. A idéia de tal resumo deve ter surgido quando comentava o trecho de Platão sobre os primeiros ensinamentos a ministrar aos guardas da cidade.

Ao estabelecer a nítida distinção entre o ensino que deve dirigir-se às "pessoas da demonstração" [*ahl al-burhan*] e o ensino a ministrar ao vulgo, Averróis nem por isso opta por um ensino esotérico de aspecto místico ou oculto com exercícios espirituais e etapas disciplinares; entretanto, não consegue superar alguns paradoxos em seus escritos que não estão longe de ser formas contraditórias da expressão da verdade. Consciente do problema, limitou-se a enunciar explicitamente que o verdadeiro não contradiz o verdadeiro, mas pode-se dizer, a seu propósito, o que Leo Strauss escreveu em relação a Maimônides: "Provavelmente, a melhor forma de ocultar a verdade é contradizê-la".[74] Por conseguinte, Averróis pode citar, à vontade, os trechos corânicos que levam a concluir tão facilmente pelo antropomorfismo. Essa verdade será tão mais bem enunciada quanto mais ela for contestada por aquela que é reservada aos que podem reconstruí-la de forma demonstrativa. Então, toda verdade recebida, toda verdade que não é produzida espontaneamente, é uma verdade a ser contestada pelo jogo regulamentado das proposições opostas, cuja classificação exaustiva é apresentada no *Médio comentário ao De Interpretatione*.[75] Contradizer é repetir de uma outra forma:

> Uma proposição que contradiz outra proposição é, de certa forma, sua repetição, na medida em que se conforma com ela em quase todos os pontos, distinguindo-se apenas por aditamentos ou omissões. Por conseguinte, só podemos estar em condições de reconhecer a contradição graças a uma análise bastante atenta de cada palavra, por insignificante que seja, das duas proposições envolvidas.[76]

---

74. L. Strauss, op. cit., p. 112.
75. *CMI*.
76. L. Strauss, op. cit.

4
Sentir, imaginar, conceber

Averróis afirma continuamente que o público não informado limita-se ao que é sentido e imaginado e que somente a elite tem acesso aos inteligíveis; no entanto, ainda é necessário descrever a natureza de formas de conhecimento como a sensação, a imaginação e a intelecção dos inteligíveis. Averróis toma de empréstimo seus conceitos em particular do *De anima*, de Aristóteles; como veremos mais adiante, em vez de uma simples retomada dos argumentos aristotélicos, trata-se sobretudo de um comentário criador de conceitos em que se exerce a influência tanto de sua própria cultura árabo-muçulmana quanto de um certo neoplatonismo, o de Temístio, por exemplo, citado freqüentemente por nosso filósofo.

1. *Sensação e imaginação*

Em vez de descrever essas duas faculdades isoladamente, propomo-nos a colocar a ênfase na diferença entre sensação e imaginação, em conformidade com o que é apresentado por Averróis em seu *Médio comentário ao De anima* (*CMA*), a partir de 428a.

Averróis fornece uma orientação didática à sua análise, enumerando os pontos em que essas duas faculdades são diferentes. O primeiro argumento que permite diferenciar sensação de imaginação é que esta produz-se mesmo nos casos em que não há sensação em potência – por exemplo, enxergar na escuridão – nem sensação em ato, como enxergar em plena luz: é o caso das coisas imaginadas durante o sono. O segundo argumento defende que a sensação exige a presença do que é sentido, ao passo que a imaginação pode exercer-se na ausência do que é imaginado. O terceiro argumento é um raciocínio por absurdo: se a imaginação fosse semelhante à sensação, deveria estar presente em todos os animais; ora, esse não é o caso, porque existem animais, como a minhoca, que não são movidos pelas coisas sensíveis na ausência destas. Convém, igualmente, sublinhar o quarto ponto: a sensação é sempre verídica, mas a imaginação é, muitas vezes, enganadora. O quinto argumento é baseado na acuidade sensível: se temos uma verdadeira sensação de algo, não afirmamos que a imaginamos; aliás, fazemos tal afirmação apenas quando não temos uma sensação autêntica. Todos esses argumentos seguem, de perto, o texto de Aristóteles, mas apresentam, em sua composição ou ilustração, uma flexibilidade que não se encontra no texto original.

Pela simples razão de que pode se enganar, a imaginação também não é a intelecção ou a ciência, as quais são sempre verdadeiras. Ainda falta diferenciar a imaginação da opinião, porque as duas compartilham o fato de serem ora verdadeiras, ora falsas. À semelhança de Aristóteles[1], Averróis indica que a opinião, contrariamente à

---

1. Aristóteles, *De anima*, 428a 20, tr. fr. de R. Bodéüs, Paris, Flammarion, 1993, p. 218: "De fato, a opinião é acompanhada pela convicção; aliás, ninguém conseguiria forjar opiniões sem estar convencido do que afirma. Ora, contrariamente à representação que está presente em um grande número de animais, a convicção não existe em nenhum deles. Além disso, se toda opinião implica a convicção e esta a persuasão, por sua vez, a persuasão implica a razão. Ora, alguns animais estão dotados de representação, mas não de razão".

imaginação, é sempre seguida de assentimento – e, acrescenta, de "maneira necessária"; por sua vez, até mesmo os animais que possuem imaginação não dão seu assentimento às coisas. Todos os seres que emitem uma opinião fornecem um assentimento; ora, todo assentimento pressupõe uma convicção e toda convicção uma razão. Se a imaginação fosse semelhante à opinião, teria sido necessário que todos os seres que imaginam estivessem aparelhados com uma razão. Ora, esse não é o caso, já que os animais não são dotados de razão.

Se a imaginação não é a sensação nem a opinião, embora mantenha um certo parentesco com as duas, talvez alguém possa pensar que ela é uma composição de ambas. Averróis retoma o argumento refutatório de Aristóteles, mas fornece-lhe um desenvolvimento mais conseqüente. A imaginação não é tal composição porque, se assim fosse, opinião e sensação deveriam referir-se à mesma coisa; ora, isso não é possível porque a opinião é avaliadora e incide, por exemplo, sobre este branco como um branco que é bom, enquanto a sensação refere-se apenas ao fato de que tal coisa é branca, sem qualquer indicação sobre seu valor. Sem contar que, se a sensação e a opinião tivessem o mesmo objeto, não seria possível imaginar este branco a não ser como bom; ora, o próprio da opinião consiste em referir-se, de maneira acidental, à natureza das coisas e, nesse caso, o que ela julga bom pode ser também considerado mau. Assim, a sensação e a opinião são bastante distintas; convém, aliás, acrescentar que, às vezes, se contradizem.

> O Sol aparece-nos como se tivesse o tamanho de um pé mesmo que, afinal, já tenha sido demonstrado que ele é bem maior do que a Terra.[2]

---

2. *CMA*, p. 118.

Se a sensação e a opinião tivessem o mesmo objeto, afirmaríamos e negaríamos, a respeito do Sol, a mesma coisa no mesmo momento; ou seja, desconsideraríamos o princípio de não-contradição.

A conclusão desse trecho confirma que a imaginação não é sensação, nem opinião, tampouco uma composição de ambas. Entretanto, não sendo sensação, ela não existe sem esta. Do mesmo modo que se produz um movimento dos sentidos no momento de uma sensação, produz-se também um movimento da própria sensação, enquanto sensação em ato, e isso é a imaginação. Seu grau de veracidade depende da natureza dos sensíveis: tratando-se de sensíveis próprios (existe algo de branco), a possibilidade de errar é pequena; em compensação, os sensíveis acidentais (por exemplo, este branco é Zayd) e os sensíveis comuns (o movimento, o tamanho) fazem que tal possibilidade seja maior na imaginação. Como esta exerce-se, em geral, na ausência do que é sentido, a margem de erro é irredutível.

Faculdade das virtudes práticas entre os animais não dotados de intelecto que, por seu intermédio, sabem fugir de um perigo ou perseguir uma presa, a imaginação garante ao homem uma referência de certeza quando seu intelecto passa por uma mudança qualquer na seqüência de uma doença ou do sono.

2. *Disposição e aquisição*

Em comum, sensação e imaginação passam por mudanças; em compensação, o poder de pensar ou disposição de conhecer é impassível.

A passividade em si significa apenas a receptividade.[3]

---
3. Ibidem, p. 121.

Ele é perfeitamente semelhante à coisa em que está pensando, mas "não é a própria coisa". Por analogia com a sensação, pode-se dizer o seguinte: o que a sensação é para as coisas sensíveis, o poder de pensar é para as coisas inteligíveis, com a diferença de que, nesse último caso, não há "mistura com o sujeito". Ou seja, não se mistura com nenhuma forma material para estar em condições de receber todas as formas. Esse poder de pensar é o que Alexandre de Afrodísio chamou "intelecto material", que é, em potência, todos os conceitos: ele recebe as formas universais das coisas, tem conhecimento delas e as distingue. Não se trata de pura matéria. Se o intelecto material é, em potência, todos os conceitos, por sua vez a matéria é, em potência, todas as formas sensíveis, mas não se trata de uma potência de conhecimento: apesar de receber as formas particulares e diferenciadas, ela não as conhece nem é o agente de sua diferenciação.

O intelecto material não é um corpo nem um poder em um corpo. Se tivesse sido uma coisa ou outra, ele receberia as formas enquanto diferenciadas e particulares, e não como formas universais; ora, ele tem o conceito das coisas, e esse conceito é, necessariamente, uma noção universal. Esse intelecto recebe as formas em um sentido diferente da matéria que recebe as formas; ele não é como uma matéria, nem como uma forma singular, tampouco como um composto de matéria e de forma. Seria uma "pura disposição"[4], de acordo com a expressão utilizada por Alexandre de Afrodísio? Averróis relativiza esse ponto de vista: o poder de pensar percebe-se a si mesmo como poder de pensar ou, em outras palavras, a receptividade do intelecto material é em si mesma perceptível por esse intelecto material; perceber é, ao mesmo tempo,

---

4. Ibidem, p. 123.

discernir que se percebe. É esse ponto que, mais tarde, será encontrado em Espinosa quando ele afirma que a idéia e a idéia da idéia são idênticas[5]: saber é saber que se sabe. Se a percepção intelectual é um discernimento das formas, convém que ela mesma, em sua forma de percepção, seja um discernimento. Eis por que Averróis liga a disposição de conhecer a uma substância separada, o intelecto agente, que é produtora de pensamentos; além disso, ele considera difícil definir *in abstracto* o poder de conhecer. É precisamente a junção entre o poder de pensar e o pensamento em ato que deve ser analisada; sem isso, não compreenderíamos como uma disposição ocasiona a aquisição do saber.

Em primeiro lugar, vamos distinguir dois problemas relativos a essa disposição-aquisição: por um lado, no limite de seu esforço, a alma humana participa do pensamento, esteja este em potência ou em ato; por outro, há o pensamento que tem os dois estados, isto é, a potência e o ato. Certamente, para a alma humana, as formas inteligíveis, ou seja, os conceitos das coisas, estão, em primeiro lugar, na imaginação, já que essa alma, por não ter a faculdade de pensar sempre, ou seja, com constância, está em relação com as formas inteligíveis em potência que são as formas imaginadas. A imaginação é precisamente a base necessária para que o homem possa pensar, mas deve ser distinguida nitidamente do poder de pensar, que é o intelecto material, já que este é incorruptível e separado.

Para aceitar essa construção, o leitor deve operar, mentalmente, uma revolução anticartesiana e desfazer-se do *cogito* como um "eu penso" que centraliza a reflexão

---

5. Spinoza, *Éthique*, Livro II, proposição XIV, tr. fr., Paris, Gallimard, p. 396 (Bibliothèque de la Pléïade): "Quem tem uma idéia verdadeira fica sabendo, ao mesmo tempo, que tal idéia é verdadeira e não pode duvidar da verdade da coisa".

e a compreensão em um sujeito humano. No âmbito da filosofia de Averróis – e, de forma mais ampla, nos filósofos medievais –, é mais conveniente dizer que não somos nós que estamos no pensamento, mas é o pensamento que está em nós. Este é também o *princípio* e não o pensamento individual.

A essas distinções acrescentemos a que existe entre o intelecto material, o intelecto agente e o intelecto passivo. Este último é o único que está misturado a uma matéria e, por conseguinte, é de fato corruptível; ele é a faculdade imaginativa do homem e prepara o que há para pensar através das formas imaginativas; depois de distingui-las, ele as apresenta ao intelecto material, "que recebe as entidades imaginadas após esta distinção".[6] A identificação do poder imaginativo com o intelecto passivo evocado por Aristóteles no *De anima*[7] é um lugar-comum do neoplatonismo. Ao proceder a essa identificação, Averróis aproxima-se de Temístio. O trecho de Aristóteles relativo a esse ponto afirma o seguinte:

> É ao ser separado que [o intelecto agente] é o que é propriamente, ou seja, imortal e eterno; mas não nos lembramos disso porque esse princípio é impassível, enquanto o intelecto passivo é corruptível e, sem ele, não há pensamento.[8]

Ao comentar esse trecho, Averróis sublinha que, depois de nossa morte, deixamos de ter a lembrança do que

---

6. *GCA*, p. 118.
7. Aristóteles, *De anima*, op. cit., 430a 25, p. 230: "Por outro lado, temos lacunas de memória porque, se essa essência é impassível, a inteligência própria a suportar as impressões é, por sua vez, corruptível e, sem ela, não se consegue pensar".
8. Aristóteles, *De anima*, Paris, Les Belles Lettres, p. 82.

aprendemos neste mundo porque, ao separar-se do intelecto material, o intelecto agente já não nos permite pensar os inteligíveis que, por seu intermédio, estavam à nossa disposição; uma vez separado, o intelecto agente limita-se a pensar em si mesmo. Entretanto, em união com nosso corpo e com o poder de pensar que é o intelecto material, ele nos permite pensar o que o intelecto passivo – corruptível – apresenta e prepara, a saber, as formas imaginativas.

Por conseguinte, esses dois intelectos – o corruptível (intelecto passivo) e o incorruptível (intelecto material-intelecto agente) – não devem ser confundidos. Na realidade, este último está separado e é eterno, não sendo corporal nem potência corporal. E, se é despropositado acreditar que as "primeiras preparações para os inteligíveis e para as outras perfeições últimas da alma são coisas produzidas pela complexão"[9] orgânica, é precisamente porque as formas imaginativas não têm, por si só, o poder de "levar [o intelecto material] da potência ao ato".[10]

Essa operação só pode ser efetuada por um "motor extrínseco", que é simplesmente o intelecto agente. O fato de receber as formas imaginativas não dá, por si só, ao intelecto material o poder de produzir os inteligíveis; essa produção exige, portanto, uma atividade posterior. Ainda fica por responder a seguinte questão: se os inteligíveis são engendráveis e corruptíveis, como é possível que seu produtor (o intelecto agente) e seu receptor (o intelecto material) sejam eternos? A resposta de Averróis consiste em estabelecer uma distinção no âmago dos inteligíveis: eles são chamados corruptíveis quando estão

---

9. *GCA*, p. 67.
10. Ibidem, p. 107.

relacionados com as formas imaginativas, mas são considerados eternos quando associados ao poder de pensar que é o intelecto material. Eis por que Averróis não cessa de combater a idéia segundo a qual a imaginação já seria o intelecto propriamente dito:

> De fato, segundo a opinião comum, a própria imaginação é o intelecto, principalmente porque dizemos que a relação da imaginação com o intelecto é análoga à do sensível com os sentidos, isto é, que ela o move; assim, julga-se que o motor e o movido devem ser da mesma espécie.[11]

Se a opinião comum procede a tal assimilação é porque assenta no princípio de que o intelecto material está em potência, portanto, suscetível de "paixão" no sentido da passividade e da receptividade. Ora, indica Averróis, essa paixão do intelecto deve ser pensada como paixão de um intelecto separado do corpo. Como conciliar, então, estas duas características: paixão e não-corporeidade?

> Como entender que o intelecto material é algo simples, sem misturas com o que quer que seja, se defendemos que conceber é uma paixão e se, como é indicado nos tratados, o agente e o paciente comunicam-se necessariamente no sujeito?[12]

Para sair dessa dificuldade, convém admitir que a palavra "paixão" é homônima; tratando-se do intelecto material, falar de paixão significa apenas estar em potência,

---

11. Ibidem, p. 89.
12. Ibidem, p. 97.

e dizer que ela está "em potência" tem um sentido diferente daquele pelo qual se diz que determinadas coisas materiais estão em potência.[13]

3. Intelecto material e intelecto agente

Uma vez entendida a distinção entre o intelecto material separado (não corporal) e o poder imaginativo (corporal), fica por verificar se, no âmago dos intelectos separados – a saber, o intelecto material e o intelecto agente –, há ou não uma distinção. Averróis sublinha que

> a ação do intelecto agente consiste em engendrar; por sua vez, a ação do outro intelecto é a de ser informado. Entretanto, eles formam uma só coisa porque o intelecto material é completado pelo intelecto agente e pensa o intelecto agente.[14]

Receber para um e produzir para o outro não são atividades que justifiquem a existência de duas substâncias distintas: nesse aspecto, Averróis serve-se da interpretação de Alexandre de Afrodísio contra a interpretação de Temístio; em conformidade com a tradição neoplatônica, este último tem tendência a multiplicar as inteligências separadas. Assim, Averróis prefere tomar de empréstimo a imagem do fogo, proposta por Alexandre, para falar da identidade do intelecto agente e do intelecto material, a despeito de suas atividades distintas:

> Alexandre tem razão de compará-la ao fogo! De fato, o fogo é naturalmente capaz de alterar qualquer corpo

---
13. Ibidem.
14. Ibidem, p. 119.

pelo poder que existe nele e, apesar disso, padece de uma
certa maneira por causa do que ele altera; e assemelha-
se a ele de certo modo, na medida em que adquire do
que ele altera uma forma ígnea inferior à forma ígnea
alterante.[15]

Tendo como fundo a identidade desses dois intelectos,
como pensar, agora, a relação do pensamento com o homem?
Não falamos da relação do homem com o pensamento,
porque o ponto de origem não é o homem, mas
o intelecto. Averróis levanta o problema do pensamento
humano a partir do problema da intelecção dos inteligíveis
separados. Por que procede dessa maneira? Convém
lembrarmo-nos de que falar do homem, em um sentido
aristotélico, é falar da realização plena do homem[16], ou
seja, de sua perfeição; ora, essa perfeição passa pela intelecção
dos inteligíveis separados. Assim, abordar a possibilidade
dessa intelecção é, de fato, falar do intelecto
humano.

Duas possibilidades apresentam-se: é possível conceber
que o intelecto material, receptor das formas, é engendrável
e corruptível; nesse caso, a intelecção dos
inteligíveis separados só poderá ser feita pelo viés de
um intelecto agente, exclusivamente como causa agente e
não como causa formal. Além disso, o problema da intelecção
de inteligíveis eternos por um intelecto corruptível
torna-se insolúvel. A segunda possibilidade – que consiste
em considerar que o intelecto humano ou em *habitus*
[*bil-malaka*] é uma composição do intelecto material com

---

15. Ibidem.
16. Aristóteles, *Éthique à Nicomaque*, Livro X, cap. 7, 1178a 5, tr. fr., Paris, Vrin, 1979, p. 514: "o que é próprio a cada coisa é, por natureza, o que há de mais excelente e de mais agradável para essa coisa".

o intelecto agente – é tão inconseqüente quanto a precedente porque equivale a dizer que

> o intelecto material pensa sem tréguas tanto no futuro quanto no passado; por conseguinte, parece resultar dessa posição que, desde a união do intelecto material a nós, o intelecto agente junta-se a nós. No entanto, isso é despropositado e contrário ao que é defendido por todo o mundo;[17]

de fato, no pressuposto de que isso seja possível, como explicar os novos pensamentos? Como justificar as "novas intelecções" que, infalivelmente, acontecem ao homem? Sem contar que, nessa segunda hipótese, continua sendo inexplicável o fato de que o intelecto agente só se tenha juntado a nós no fim, e não no início, como ocorre com o intelecto material.

4. Ato e forma

Em vez da noção do agente, a solução de Averróis consiste em enfatizar a noção da forma. Ele lembra que o intelecto material percebe *não só* o intelecto agente, *mas também* os inteligíveis teóricos que lhe são transmitidos pela imaginação. Ou seja, ele percebe algo perfeito e algo menos perfeito. Ora, há um princípio que pretende que, no mesmo sujeito, o mais perfeito seja como uma *forma* para o menos perfeito: o intelecto agente será, portanto, uma forma para os inteligíveis teóricos considerados, então, como uma *matéria*. O intelecto em *habitus* – ou seja, aquilo que constitui os inteligíveis teóricos –, que está em nós e é corruptível, é como a matéria com a qual trabalha

---

17. *GCA*, p. 154.

o intelecto agente. Quando o dar forma a tal matéria está avançado

> é manifesto que, então, nesse estado [que é a união], a relação do intelecto agente com o homem assemelha-se à relação do intelecto em *habitus* com o homem. E, quando isso ocorre, ou seja, quando essa união com o intelecto agente está concluída, é necessário que, por esse intelecto, o homem pense todos os seres por um intelecto que lhe é próprio e efetue sobre todos os seres a ação que lhe é própria, que consiste em pensá-los, do mesmo modo que o intelecto em *habitus*. Segundo esse modo, o homem é, portanto, de acordo com a afirmação de Temístio, semelhante a Deus.[18]

Nesse trecho, vemos que a explicação para o fato de o homem pensar é a união do perfeito com o menos perfeito no âmago do intelecto material, e não – conforme acreditam numerosos comentadores, entre os quais o andaluz Ibn Bajja (Avempace) – a intelecção como causa da união. Ao inverter as relações da união com a intelecção, ao considerar que é a união que justifica, no sentido tanto da causa quanto da razão, da intelecção, e não o inverso, Averróis evita todos os problemas associados à capacidade do homem para alcançar Deus ou juntar-se a ele. Em vez de partir do homem, de sua ignorância ou de seus limites, deve-se, de preferência, partir das possibilidades próprias ao pensamento e, por conseguinte, verificar o que cabe ao homem.

Ao convocar a noção de forma e já não simplesmente a noção de agente, Averróis conseguiu resolver os problemas deixados em suspenso por duas tradições: a peripatética de

---

18. Ibidem, p. 167.

Alexandre e a neoplatônica de Temístio. Quais são, então, as virtudes de um pensamento que invoca a forma?

Uma forma pode estar tanto em potência quanto em ato; em compensação, a noção de agente não permite tal desdobramento. Falar de forma em potência permite compreender em que sentido a união do intelecto agente com o intelecto material suscita no homem uma união, ela também, desdobrada: união em potência quando o homem não pensa, porque ocorrem momentos em que ele não pensa; e união em ato quando ele pensa. Por esse desdobramento, encontra-se resolvido o problema da intelecção das coisas separadas que é tornada possível pela união em ato. Desse modo, encontra-se resolvido o problema da união que chega no fim e não no começo – no início, nem tudo é compreensível em ato, mesmo que o poder de intelecção esteja presente desde o começo –, assim como o problema das novas intelecções, porque estas são como matérias à espera de serem *in*formadas.

Assim, o homem, entendido em sua forma derradeira, é aquele em que se realiza a união mais perfeita dos inteligíveis teóricos oriundos de sua imaginação e do intelecto agente. Sem a noção de forma humana, no sentido da perfeição humana, e sem a noção de dar forma aos inteligíveis presentes no intelecto material, a união do intelecto em *habitus* – ou seja, do intelecto que mais individualiza o homem, engendrável e corruptível por estar grudado ao corpo – com o intelecto agente é uma expressão sem sentido.

O progresso do conhecimento humano é compreendido como uma gradação direcionada para uma perfeição cada vez maior; ele passa por formas cada vez mais perfeitas e mais próximas do ato de pensar a ponto de tornar-se semelhante a essa perfeição que, por natureza, não está misturada a nenhum poder, isto é, o intelecto agente. O homem é aquele que é dotado desse poder que se aperfeiçoa: segundo Averróis, é o mais nobre dos existentes. O homem é o vínculo e a organização [*al-ribat wa al-nidam*] entre as coisas sentidas e as inteligências separadas. Tudo o que é deste mundo é *para* o homem e está a seu serviço, de tal modo que qualquer obstáculo a essa realização humana é um modo de opor-se ao desígnio divino:

> Como é injusto aquele que levanta um obstáculo entre o homem e a ciência, que é a via em direção a essa perfeição; não há dúvida de que aquele que age assim contraria também o criador e opõe-se ao projeto divino de realizar tal perfeição.[19]

Tais desenvolvimentos sobre a natureza do intelecto, destinados a um público culto, não devem levar-nos a esquecer que Averróis redigiu textos muito mais curtos e muito mais acessíveis. É, aliás, por esses "resumos" [*Mukhtassarat*] que ele começou sua obra filosófica no período conturbado da tomada do poder pelos almôadas. O tratado *De anima* é uma das raras obras cuja apresentação foi feita por Averróis, ao mesmo tempo, por meio de um *Grande comentário* conservado em latim, de um *Médio comentário* em língua original e de um *Resumo*; à semelhança de todos os outros resumos, esse também fornece o necessário para a perfeição humana. Nesse texto, Averróis menciona que os comentários mais amplos serão elaborados no futuro se Deus lhe der vida e puser termo a "este distúrbio" [*hadihi al-karab*][20], ou seja,

---

19. Carta de Averróis sobre "A união [*Ittissal*[entre o intelecto material e o intelecto agente", em *Comentários sobre a obra de Galeno*, op. cit., p. 277-81.
20. Citado por J. Alaoui, *Al-matn ar-rushdi*, Casablanca (Marrocos), 1986, p. 209.

o período de estabilização do poder almôada. Os comentários propriamente aristotélicos correspondem, portanto, a um período mais pacífico; são também mais característicos da maneira como os textos de Aristóteles foram trabalhados por Averróis, porque os resumos não incluem citações *verbatim*, nem se referem exclusivamente ao Estagirita. Trata-se de salvar, durante um período conturbado, o que tem de ser necessariamente conhecido. No *Resumo* sobre o tratado *De anima*, ele se refere, sobretudo, a Ibn Bajja e a Alexandre de Afrodísio. Mais tarde, Averróis considerará o *Grande comentário* uma revisão e uma retificação das teses apresentadas no *Resumo*, no qual o filósofo cordovês, sob a influência de Ibn Bajja, havia defendido que o intelecto material era corruptível; ao proceder a uma análise mais atenta da obra de Aristóteles, ele chegou à conclusão de que se trata de um intelecto eterno e incorruptível.

A comparação dos três textos (*Resumo*, *Médio comentário* e *Grande comentário*) fornece-nos não só indicações sobre os objetivos perseguidos por Averróis em cada um dos casos, mas também sobre seu próprio itinerário filosófico, em relação ao qual as informações existentes são escassas – contrariamente a seu itinerário jurídico (a cadeia familiar tornada célebre pelo avô) ou sua carreira como médico (a menção por Abi Usaybi'a de seus mestres, entre os quais Jariyul).

5. *O prazer de pensar*

A naturalização da arte poética, empreendida no *Médio comentário à* Poética (*CMP*), participa da naturalização da razão. Às diferentes artes lógicas correspondem diferentes tipos de prazer: há o prazer do intelecto, o prazer associado à contemplação e à demonstração que o homem alcança em raros momentos, e o prazer poético proveniente da imitação das coisas sensíveis. Trata-se de um prazer específico ao homem (enquanto o outro tipo de prazer é específico ao intelecto divino). Ora, o que é próprio do homem é a paixão racional e natural de aprender: o prazer poético é, por conseguinte, um prazer de conhecimento, um prazer natural de conhecimento, adaptado ao maior número de pessoas; nesse aspecto, distingue-se daquele que é próprio do filósofo e das "pessoas da demonstração", já que se serve de sinais, indicações e ilustrações, cuja função consiste em permitir uma compreensão rápida das coisas.

Em relação ao prazer intelectual, Averróis segue de perto o texto de Aristóteles.[21] Em primeiro lugar, o Estagirita apresenta a causa do prazer, seja ele qual for; essa determinação faz-se em referência a comportamentos habituais, enquanto eles estão *em ato*. Falando do primeiro princípio, o filósofo grego afirma que ele "usufrui eternamente" de uma vida superior,

> o que, para nós, é impossível [...]. E eis como, também para o homem, o ápice da felicidade consiste em manter-se vigilante, sentir e pensar.[22]

Esses três prazeres só podem ser considerados como tais porque estão em ato, mas não basta que algo esteja em ato para que se torne um prazer; é necessário procurar uma outra razão. Averróis julga ter encontrado a solução ao reduzir esses três comportamentos a uma característica comum; nos três casos, há percepção, apreensão de algo:

---

21. Aristóteles, *Métaphysique*, Livro Λ, 1072b 15-30, tr. fr. de B. Saint-Hilaire, Paris, Agora (col. Classiques).
22. Ibidem, Livro Λ, 1072b 16-18, op. cit., p. 415. O que, nesse trecho, é traduzido por "felicidade" é, de fato, "prazer" [*hedone*].

É como se [Aristóteles] tivesse afirmado: a experiência do prazer só é possível porque ele é apreendido. E a prova de que a percepção é a causa do prazer é que, em nós, o estado de vigília, a sensação e o pensamento constituem um prazer.[23]

Averróis introduz, aqui, a percepção [*al-idraq*] entendida no sentido amplo de captura, apreensão; assim, apresenta uma razão mais explícita ao fato de caracterizar o estado de vigília, de sensação e de pensamento como se se tratassem de prazeres.

Depois de ter determinado a causa do prazer, fica ainda por apresentar a modalidade; para isso, Averróis evoca a lembrança e a esperança que, por sua vez, são formas de prazer. Nesses dois casos, e apesar de estarmos em relação com coisas que não existem em ato – já que tanto a coisa trazida à memória quanto a coisa esperada não estão em ato –, o prazer é devido ao fato de que procedemos *como se* as tivéssemos apreendido em ato: opera-se uma atualização, na mente, do que é desejado ou trazido à memória como lembrança. Daí, resulta que o prazer consiste apenas nas coisas em ato, que elas estejam efetivamente "em ato" ou simplesmente presumidas como tal, de modo que, observa Averróis,

> o desejo que é anterior à percepção assemelha-se muito mais a um sofrimento do que a um prazer.[24]

A causa do que há de agradável na lembrança e na esperança é a percepção em ato:

---

23. *GCM*, Livro Al-lam, vol. III, p. 1616.
24. Ibidem.

a percepção agradável [*al-idraq al-ladid*] está, por conseguinte, em ato e não em potência.²⁵

Fixadas a causa (percepção) e a modalidade (percepção em ato), fica por estabelecer a intensidade do prazer. Enquanto essa palavra, assim como seu léxico, desaparecem do texto de Aristóteles, a argumentação de Averróis continua a se referir ao prazer:

> o maior prazer relaciona-se com o que está mais associado ao pensamento [...] ora, o que está mais associado ao pensamento é o que pensa por si, não por um outro; tal pensamento, conforme havia afirmado Aristóteles, é o que há "de melhor".²⁶

A intensidade do prazer é, por conseguinte, dada pela parte autônoma de um pensamento que se pensa a si mesmo, servindo de fundamento, ao mesmo tempo, ao critério do melhor:

> A inteligência que é por si dirige-se ao que é por si o melhor.

Segue-se a etapa que consiste em identificar aquele que pensa em si mesmo. Trata-se do intelecto porque, ao pensar os inteligíveis, é em si mesmo que ele pensa: ele mesmo não passa de um inteligível que pensa. Ao comentar esse trecho, Averróis não só identifica o verdadeiro pensamento com o intelecto, mas também caracteriza o verdadeiro prazer:

---

25. Ibidem.
26. Ibidem.

> o que pensa em si mesmo é o que tira um prazer de si que é, aliás, o verdadeiro prazer; ora, o intelecto é quem possui essa propriedade, porque, ao adquirir o inteligível e ao pensá-lo, ele pensa em si mesmo, uma vez que ele mesmo nada mais é do que o inteligível que pensa. Por conseguinte, o intelecto é o que tira seu prazer de si mesmo.[27]

Esse comentário desloca o texto de Aristóteles para o lado da aquisição dos inteligíveis, problemática que volta a ser encontrada nos comentadores árabes e lhes permitiu pensar a presença do intelecto divino no homem; no entanto, o trecho de Aristóteles presta-se a essa inflexão por mencionar a distinção entre potência e ato, assim como entre "devir" inteligível e intelecto. Averróis analisa, aqui, o processo pelo qual o intelecto apreende-se a si mesmo e lembra as distinções estabelecidas pelo *De anima* (ver 430a):

> Parece que, desse modo, Aristóteles pretende marcar a diferença entre o poder próprio do intelecto que ora existe em potência, ora em ato, e o intelecto que existe sempre em ato, ou seja, aquele que não está na matéria. Eis por que o intelecto, em nós, compreende-se a si mesmo apenas em determinado momento e não sempre.[28]

"O intelecto em nós" [*al-'aql minna*] difere do intelecto sempre em ato pelo fato de que não está sempre pensando. Chegamos, assim, a uma primeira conclusão: o verdadeiro prazer é o do intelecto.

Um intelecto que pensa os inteligíveis nem sempre forma uma só coisa com os inteligíveis: é necessário que

---

27. Ibidem, p. 1617.
28. Ibidem.

seja um intelecto em ato; porém, nosso intelecto está ora em potência, ora em ato. Por conseguinte, o verdadeiro prazer só diz respeito aos momentos em que o intelecto está em ato.

Em que condições o intelecto em ato e o inteligível formam uma só e mesma coisa? É a concepção ou intelecção que os identifica; é por ela que o intelecto "torna-se" inteligível. Por conseguinte, o fato de conceber é o elemento dinâmico que permite tal identificação; identificação entre o "receptáculo e o que é recebido", acrescenta Averróis. O comentador sublinha a importância dos "modos de ser" [*Al-ahwal al-mawjuda fi al-aql*] ou "disposições" do intelecto. Somente esses modos de ser fornecem a diferença entre intelecto e inteligível:

> Ao pensar o inteligível diz-se que o intelecto é pensante e, ao pensar em si mesmo, diz-se que o pensante é o próprio intelecto, contrariamente ao que pensa por outrem; e, como o que concebe é precisamente o que é concebido, diz-se que o intelecto é o inteligível.[29]

Em Aristóteles, a segunda conclusão divide-se em duas partes: a primeira refere-se ao intelecto divino e a outra diz respeito ao intelecto humano. A primeira estabelece que o divino do intelecto reside no ato e não na potência, e a outra defende que a "contemplação" é o que há de mais perfeito. Em seu comentário, Averróis aplica o critério do melhor, estabelecido precedentemente, ao intelecto.

1) Como vimos, o melhor é o que pensa em si mesmo; ora, o que pensa em si mesmo é o intelecto que está sempre em ato e recebe o nome de intelecto divino; contrariamente ao nosso, que está ora em potência, ora em ato,

---

29. Ibidem.

esse intelecto divino está sempre em ato e, por conseguinte, é melhor do que o nosso.

2) Entretanto, nem por isso ficamos prejudicados: impõe-se uma segunda aplicação do critério do melhor. "A contemplação é o que, na inteligência, há de mais agradável [*hediston*] e de mais excelente [*ariston*]", havia afirmado Aristóteles; por sua vez, ao identificar a contemplação [*al-ra'y*][30] com uma concepção pelo intelecto [*al-tassawur bi al-'aql*], Averróis observa que isso é o que há de melhor em nós, "o melhor de tudo quanto existe em nós". Nesse aspecto, o melhor não é considerado simplesmente em relação ao que tem relação com a inteligência: a comparação é ampliada ao domínio de tudo o que existe para nós. Nessa ênfase existencial, é possível verificar a escolha das formas de vida que tal conclusão implica sobre o verdadeiro prazer. Finalmente, a conclusão de conjunto é que o prazer de pensar é um só.

Temos uma idéia do prazer associado ao intelecto divino, graças à proporção estabelecida entre Deus e nós pelo intelecto, no momento em que, em nós, este despoja-se de qualquer poder. Nesses momentos, os prazeres são "iguais", diz-nos Averróis. Em vez de estar relacionada com a natureza do prazer, a diferença tem relação com sua modalidade temporal: o prazer de Deus, que se percebe a si mesmo, e o prazer que nos cabe quando, em nós, o intelecto apreende sua própria essência, são os mesmos. Há não só uma identidade de prazer entre os diferentes intelectos – quando estão em ato – dos homens, mas igualmente uma identidade de todos os intelectos em ato com o intelecto divino. No aspecto em que Aristóteles limita-se a apresentar a modalidade temporal, indicando que "Deus usufrui eternamente da suprema

---

30. Em outros contextos (particularmente em retórica), a palavra "ra'y" pode significar uma simples opinião.

felicidade que só é saboreada por nós durante um momento", Averróis chega a delinear uma estrita igualdade entre as apreensões intelectuais de Deus e do homem – igualdade que é a verdadeira condição de uma partilha de temporalidade entre os homens e Deus:

> Eis por que consideramos o seguinte: se o prazer que Deus conhece ao apreender sua própria essência é igual ao prazer que nós mesmos encontramos no momento em que nosso intelecto apreende sua própria essência, ou seja, no momento em que ele se despoja de sua potência, então, o que, para nós, está limitado a um certo tempo, existe eternamente para Deus.[31]

Esses trechos foram considerados ímpios por são Tomás de Aquino e pela tradição latina; segundo parece, aqui, Averróis não deixa espaço para a individuação das almas e, por conseguinte, à sua "retribuição". Em seu livro *Contra Averróis*, são Tomás escreve:

> Retirai aos homens qualquer diversidade do intelecto e daí seguir-se-á que, depois da morte, restará das almas humanas apenas a única substância de um só intelecto; assim, estareis suprimindo a distribuição das recompensas e castigos, inclusive a diferença que os distingue.[32]

A unidade do prazer de pensar colocaria em perigo, segundo são Tomás, a imortalidade da alma individual. De fato, se não há imortalidade dos pensamentos imaginados que nos individualizam, subsiste apenas o que é plenamente transcendente em relação aos indivíduos:

---

31. *GCM*, p. 1617.
32. Saint Thomas, *Contre Averroès*, tr. fr. de Alain de Libera, § 4, ch. 1, Paris, GF, 1994, p. 79.

o intelecto divino com o qual coincidimos em raros momentos.

Ao fazer a apresentação de Averróis, Salomon Munk sublinha que, em relação à imortalidade, uma coisa é certa:

> O homem nada ganha individualmente que vá além dos limites de sua existência terrestre; além disso, a permanência da alma individual é uma quimera.[33]

Ao comentar esse trecho do Livro Λ (XII) da *Metafísica*, Averróis enfatiza a percepção. Ora, é a percepção que permite compreender a razão pela qual Aristóteles diz que "Deus é vivo": a percepção é o termo médio que permite construir o raciocínio silogístico. A demonstração que justifica tal qualificação – *Deus vivo* – é feita segundo dois silogismos: o primeiro associa percepção e vida, e o segundo liga ato do intelecto e intelecto em ato. O primeiro silogismo é da primeira figura[34] e apresenta-se da seguinte forma:

– O ato do intelecto é percepção.
– Todo aquele que tem percepção, vive.
– O ato do intelecto é vida.

Analisemos, agora, a conclusão desse silogismo, aplicando a ele o que sabemos do ato do intelecto: o fato de pensar, ou seja, o ato do intelecto, é algo vivo; considerando

---

33. S. Munk, *Des principaux philosophes árabes et de leur doctrine*, Paris, Vrin, 1982 (reed.), p. 454-5.

34. Os silogismos aristotélicos são raciocínios cujas figuras variam segundo a posição que, nas premissas, é ocupada pelo termo médio, ou seja, o termo que intervém nas duas premissas e que permite estabelecer a proporção entre elas. Assim, pertencem à *primeira figura* os silogismos em que o termo médio é ora sujeito, ora predicado; à *segunda figura*, os silogismos em que o termo médio é predicado nas duas premissas; e, à *terceira figura*, os silogismos em que o termo médio é sujeito nas duas premissas.

que aquele que pensa por si é melhor do que aquele que não pensa por si, cabe-lhe a melhor vida; portanto, o intelecto em ato (Deus) tem a mais elevada forma de vida. Desta vez, o silogismo é da terceira figura e é válido, com a condição de obedecer ao critério do melhor:
- O ato do intelecto é vivo.
- O ato do intelecto é o intelecto em ato (segundo o princípio do melhor).
- O intelecto em ato (Deus) é vivo.

Daí, os atributos tradicionais de Deus como vivo e sábio.

Ao comentar esse trecho de Aristóteles, Averróis tem a oportunidade de desenvolver uma análise semântica da unidade. Nesse aspecto, ele é herdeiro das problemáticas religiosas, em particular cristã e muçulmana, que pretenderam fixar-lhe o sentido. Certamente herdeiro, embora da ruptura, se é que podemos falar assim: de fato, para ele, trata-se de romper com as concepções avicenianas da unidade, ou seja, concepções platonizantes, preferidas pelos teólogos, mas que fizeram perder de vista a doutrina aristotélica. Ao referir-se aos cristãos [*al-nasara*] e aos asharitas, Averróis considera que uns e outros utilizam, de forma confusa, o conceito de unidade.

Evocando os cristãos, Averróis fala da trindade e indica a contradição que consiste em pensar três em um:

> Conseqüentemente, os cristãos enganaram-se ao afirmar a unidade na substância; ora, não os exime de erro o fato de pretenderem que, em Deus, a trindade encontra sua solução na unidade.[35]

Esse problema é sobejamente conhecido de seus leitores e tudo leva a crer que ele próprio era afeito aos

---

35. *GCM*, p. 1618.

escritos dos Padres da Igreja* – por exemplo, os textos de são Basílio**, contemporâneo de Temístio. Ao pretender fixar o sentido dos termos *ousia* [essência] e *hupostasis* [hipóstase = substrato], são Basílio considera que a *ousia* refere-se a *koiné phusis* [natureza comum], enquanto a *hupostasis* tem a ver com determinado indivíduo. Segundo P. Duhem,

> são Basílio, por conseguinte, pretende que a palavra *ousia* serve, unicamente, para designar a natureza comum a todos os indivíduos da mesma espécie.[36]

O desafio consiste em saber se, entre o Filho, ou seja, o Cristo, e o Pai, a *ousia* é diferente.

De novo, Averróis critica tanto os cristãos quanto os muçulmanos, que, em seu entender, estão equivocados, igualmente, em relação à natureza de Deus. Quando os cristãos falam de um só Deus em três hipóstases [uma só *ousia* em três *hupostasis*], o filósofo cordovês considera que, de fato, eles multiplicam a *ousia* [*al-jawhar*] de Deus e, assim, ameaçam sua unidade; se a *ousia* é múltipla, seu composto é uma unidade que vem juntar-se ao composto, ou seja, ela não pode converter-se em uma unidade simples. O mesmo erro encontra-se nos asharitas, diz-nos Averróis, porque eles misturaram os atributos de Deus com sua essência e, assim, prejudicaram a unidade simples de Deus, de tal modo que a própria afirmativa "Deus é vivo" introduz uma dualidade.

---

* Expressão que, no cristianismo, designa as autoridades eclesiásticas que participaram de concílios, assim como os bispos isolados, cujo acordo doutrinal, antes do século V, garante a ortodoxia. [N. T.]

** Padre da Igreja Grega (329-79), bispo de Cesaréia (Ásia Menor), autor de *Cartas*, combateu o arianismo (seita que negava a divindade do Cristo) e foi um dos fundadores do monaquismo. [N. T.]

36. P. Duhem, *Le Système du monde*, tomo IV, Paris, Hermann, 1954, p. 393.

Os dois princípios [o dos teólogos cristãos e o dos teólogos muçulmanos] pressupõem a composição [...] todo composto é produzido, a menos que eles pretendam que existem coisas que são compostas por si mesmas. No entanto, se tais coisas existissem, elas passariam por si mesmas da potência ao ato e mover-se-iam por si mesmas sem motor.[37]

Assim, chegamos à negação do primeiro motor do universo; em poucas palavras, à negação de Deus. Como evitar, portanto, nas proposições "Deus possui a vida", "Deus é vivo", qualquer forma de composição? Nessas proposições, trata-se da mesma realidade simples; somente a decomposição em sujeito e predicado leva-nos a acreditar que há uma composição. O qualificado (Deus) e o qualificativo (vida) não são distintos, a não ser por necessidade da análise. A decomposição analítica não corresponde, de modo algum, a uma decomposição na coisa analisada.

A afirmação de que Deus é vivo eternamente não introduz nenhuma diferença em seu conceito; desde o momento em que foi estabelecida a existência de uma realidade eterna (motor do universo), sua descrição como vivo eternamente não introduz nenhuma composição.

O fato de pretender, pela filosofia, mostrar a verdadeira natureza de Deus é colocar a metafísica acima da teologia. A arte especulativa a que somos instigados pelo próprio texto sagrado é uma teologia diferente da que é praticada pelas escolas dos asharitas e dos mutazilitas; ela assemelha-se, de preferência, a uma metafísica inspirada em Aristóteles. Essa não era a opinião de al-Ghazali, próximo dos asharitas; muito tempo antes de Averróis, ele já se tinha insurgido contra essa maneira de ver. Seu livro

---

37. *GCM*, p. 1618.

Tahafut – cuja abordagem será feita a partir de agora – pretende enfatizar as incoerências filosóficas que, segundo ele, se devem à negligência dos filósofos em relação ao dogma.

6. Ceticismo e metafísica

A questão levantada por al-Ghazali no início de seu *Tahafut* formula-se desta maneira: como entender que as jovens gerações, em contato com a filosofia, abandonam a religião e adotam Sócrates, Platão e Aristóteles como mestres?[38] Al-Ghazali pretende lutar contra essa tendência, desferindo o ataque sobre vinte pontos, dos quais o principal é o problema da eternidade do mundo, que ocupa, aproximadamente, a quarta parte do livro.

A filosofia, tal como se desenvolveu na corrente aviceniana, assumiu a forma de um neoplatonismo em que a doutrina da emanação torna-se a doutrina metafísica predominante para explicar a existência do mundo e dos seres. Em alguns pontos sensíveis, tais como a eternidade do mundo ou o conhecimento dos particulares por Deus, verificou-se uma forte reação por parte de al-Ghazali para restabelecer o *credo* religioso que lhe parecia estar ameaçado.

Al-Ghazali, nomeado professor do colégio al-Nizamiyya de Bagdá (em 1091), residiu em Tus (1099-100), cidade em que praticou o sufismo. Em seu livro intitulado *O liberado do erro* – traduzido para o francês com o título *Erreur et délivrance* [Erro e libertação][39] –, dirige-se a alguém que pede que lhe seja indicada a via sagrada. Seu

---

38. Al-Ghazali, *Al-Tahafut al-falasifa*, ed. por Sulayman Dunia, 7ª ed., Cairo, Dar al-Ma'arif, 1980, p. 74.
39. Al-Ghazali, *Al-Munqid min al-dalal* [*Erreur et délivrance*], tr. fr. de F. Jabre, Beirute (Líbano), 1969.

texto assume a forma de uma autobiografia intelectual em que a via mística é claramente preferida à via filosófica de orientação aristotélica adotada, em particular, por al-Farabi e Avicena. O ceticismo de Al-Ghazali é marcado pela vontade de mostrar que os sistemas filosóficos, por um lado, contradizem-se uns aos outros e, por outro, não estabelecem nada de certo e até veiculam erros sobre a questão da eternidade da matéria e sobre a causalidade. Sua tese principal é que a metafísica não pode tomar de empréstimo as certezas da lógica para lhe servirem de fundamento; apesar de não haver qualquer dúvida a respeito de sua utilidade, a lógica não passa de um instrumento, de um método, que não tem, nem deve ter, vínculo com nenhuma visão do mundo. Se a metafísica tivesse um grau de certeza semelhante ao da lógica ou aritmética, diz-nos al-Ghazali, ela deveria ser tão consensual quanto essas duas práticas do pensamento, o que está longe de ocorrer.[40]

Averróis critica-o por ter abordado Aristóteles apenas através do prisma aviceniano; ora, segundo o filósofo cordovês, o próprio Avicena não chegou a compreender o Estagirita:

> Os argumentos demonstrativos encontram-se nos livros dos antigos que escreveram a propósito dessas coisas, em particular nos livros do primeiro sábio [Aristóteles], e não no que foi estabelecido por Ibn Sina (Avicena) nem por outros pensadores do Islã.[41]

A implicação da resposta do filósofo de Córdoba é, portanto, dupla: restabelecer a compreensão de Aristóteles

---

40. Al-Ghazali, *Al-Tahafut al-falasifa*, op. cit., p. 77.
41. *TT*, p. 81.

e mostrar o duplo erro de al-Ghazali e de Avicena. No livro *Kachf* (*KM*), ele chega a utilizar termos mais severos para qualificar a obra que al-Ghazali escreveu contra os filósofos:

> [Al-Ghazali, em] seu livro conhecido pelo título *Tahafut al-falasifa*, acusou os sábios de serem infiéis relativamente a três questões[42], em relação às quais, em sua opinião, eles teriam rompido o consenso; assim, considerou-os heréticos. Em decorrência de seus argumentos duvidosos e analogias confusas, um grande número de pessoas foram induzidas em erro relativamente à sabedoria e à Lei religiosa.[43]

Vamos proceder à análise desses diferentes argumentos, indicando, em primeiro lugar, a tese atribuída por al-Ghazali a Aristóteles, tal como este havia sido lido por Avicena; em seguida, a "confusa" e "duvidosa" objeção de al-Ghazali; por fim, a resposta de Averróis a essa objeção.

Entre as questões que suscitaram a polêmica, encontra-se, como já indicamos, o tema da eternidade do mundo; há também a questão relativa ao conhecimento dos particulares por Deus. Forneceremos, igualmente, indicações sobre a questão crucial da causalidade que, na forma de abordá-la, revela um problema filosófico clássico: o conflito aberto entre o empirismo cético e o realismo aristotélico.

---

42. Eternidade do mundo, impossibilidade para Deus de conhecer os particulares e não-ressurreição dos corpos.
43. *KM*, p. 151.

6.1. A questão da eternidade do mundo

O argumento da vontade

a) Tese dos filósofos (Aristóteles, al-Farabi, Avicena)
O mundo é eterno porque, se partíssemos do pressuposto de sua criação, isso significaria que Deus, em determinado momento, quis criá-lo. Portanto, sua vontade teria passado por uma mudança. Ora, Deus é imutável; portanto, o mundo é eterno.

b) Objeção
Segundo al-Ghazali, os filósofos extorquiram de Deus a liberdade de criar o mundo ao afirmar que este é eterno. A vontade divina é insondável; portanto, não pode ser analisada à maneira da vontade humana, que decide fazer, ou não, alguma coisa.

c) Resposta de Averróis
Deus é ato puro; por isso, não pode sofrer nenhum tipo de mudança. Seu ser está para além da vontade arbitrária. Nele, o querer e o agir são uma só coisa. Além disso, não convém[44] utilizar certas expressões, como a vontade adventícia de Deus [*irada haditha*] ou a vontade eterna [*irada qadima*], porque elas não se encontram, de modo algum, no texto sagrado; aliás, não são instrutivas nem para a massa nem para as "pessoas da demonstração". Assim, trata-se de expressões próprias a essa dialética da homonímia, denunciada sempre por Averróis como prática dos teólogos [*ahl al-kalam*].

---

44. *KM*, p. 173

O argumento do tempo

a) Tese
A anterioridade segundo a causa (Deus como causa do mundo) não é anterioridade segundo o tempo. A anterioridade de Deus em relação ao tempo é contraditória: Deus teria existido *antes* de começar o tempo do mundo; teria existido um tempo antes do tempo, o que é absurdo. Portanto, não há criação do tempo. Como o tempo é a medida da mudança, deve haver algo que muda, isto é, a matéria; portanto, a matéria é eterna.

b) Objeção
Para al-Ghazali, tempo não tem existência real; trata-se de um modo de nossa representação. O tempo não existe nas coisas, mas na nossa mente, que as representa na seqüência de sua aparição.

c) Resposta de Averróis
O tempo é certamente a sucessão do movimento, como afirmou Aristóteles[45], mas convém estabelecer a distinção entre esse tempo e Deus, que está fora do tempo. Aliás, devem-se distinguir três espécies de seres: existe Deus que não é produzido, nem depende de uma causa; existe o mundo, que depende de uma causa, mas não é produzido; e existem os seres submetidos ao processo de geração e à corrupção, que são, ao mesmo tempo, produzidos e causados. O mundo não é precedido pelo tempo, não está submetido à corrupção, é causado por um agente. Averróis julga ter reencontrado, dessa forma, o ponto de vista dos teólogos, que estão de acordo para afirmar que o mundo começa com o tempo, já que suas

---
45. Aristóteles, *Física*, IV, 219a 10-30.

doutrinas atomistas transformam o tempo em algo contemporâneo das coisas. Eles reconhecem, assim, que o mundo não é produzido no tempo; estão de acordo, igualmente, em relação ao fato de que o mundo não tem fim no futuro.

> A única divergência entre eles refere-se ao tempo passado e ao ser no passado; segundo os teólogos, ele é finito – o que é também a posição de Platão e de sua escola –, enquanto Aristóteles e seu grupo pensam que ele é sem fim, como é o caso em relação ao futuro.[46]

Em seu *Comentário à Física*, na oitava *maqala*, Averróis indica que:

> Platão e seus epígonos entre nossos teólogos e entre os teólogos cristãos, assim como todos aqueles que defendem que o mundo é adventício, consideraram o acidental como essencial. Eles negaram que, nesse aspecto, possa haver uma regressão ao infinito do movimento e, assim, proclamaram a existência de um primeiro movimento no tempo.[47]

Segundo Averróis, essa compreensão incorreta do que é o movimento foi defendida por Ibn Bajja, assim como por al-Farabi e, antes deles, por Yahya al-Nahwi (Filopono de Alexandria): todos eles pensaram que, para Aristóteles, o movimento tivesse sempre como pressuposto o movimento. Para construir sua argumentação, Averróis começa por distinguir os movimentos segundo a natureza dos corpos que são postos em movimento: existem corpos

---

46. *FM*, p. 133.
47. Averróis, *Epitome in physicorum libros*, op. cit., p. 134.

materiais que estão ora em movimento, ora em repouso; existem corpos que estão sempre em movimento, como os corpos celestes, enquanto outros permanecem em repouso, como a Terra, que, considerada no seu todo, está em repouso, mesmo que suas partes estejam em movimento. Como existem corpos que estão em movimento permanente, deve haver algo que esteja sempre em repouso, servindo de referente a tal movimento; ora, esse "algo" não está isento de movimento, caso contrário não se trataria de um corpo natural, portanto, está em movimento de uma outra forma, como se afirmássemos que o está em relação a suas partes, como acontece com a Terra.

A distinção incide sobre o que é movido por essência e o que é movido por si. De fato, o movimento pode ocorrer por acidente, ou por essência, ou pelas partes do que está em movimento; a questão incide sobre o que é movido por essência, tendo como subdivisão o que é movido por natureza (como os animais e os corpos simples) e o que é movido de forma violenta e forçada (como a pedra que é arremessada). Vejamos o caso dos corpos simples: trata-se de saber se, movidos por essência, eles são movidos por si. Se este fosse o caso, isto é, se não tivessem necessidade de um motor externo, eles poderiam também permanecer em repouso por essência; mas, então, seriam capazes de vários movimentos quando, afinal, têm um só movimento necessário; portanto, têm necessidade de um movimento externo. Assim, entre o que está em movimento por essência, deve-se separar o que é movido por si e o que é movido por outra coisa. Ora, o que é movido por si é um motor não movido; se este não fosse o caso, tratar-se-ia de um corpo, e teríamos uma regressão ao infinito. Portanto, é necessário que o motor não seja ele próprio movido.

Com essas reflexões sobre a natureza do movimento, Averróis procura:

1) Minimizar as diferenças de doutrina, indicando que somente uma insistência sobre as similitudes do mundo com as coisas criadas ou com o princípio incriado poderia ter levado a fixar o rótulo de mundo criado ou de mundo incriado; mas, na realidade, considerando que não se trata nem de uma coisa, nem de outra, já que ele tem uma causa sem ser produzido, as oposições não devem redundar em acusação de impiedade.

2) Invocar um sentido óbvio do texto para sublinhar que o mundo é "persistente" [*mustamirr*] dos dois lados – tanto do futuro quanto do passado.

3) Indicar que, relativamente a questões especulativas dessa natureza, é bastante difícil chegar a um consenso e é inapropriada a acusação de infidelidade ou de impiedade. Se é difícil romper o consenso em relação a questões de prática religiosa e das crenças compartilhadas que fazem a fé (existência de Deus, das profecias, da beatitude e das penas no além), em compensação, para as questões teóricas, pode haver divergências na medida em que sua formulação seja reservada "às pessoas da demonstração e da interpretação" que, por definição, constituem uma elite entre os crentes e não todos os crentes. A própria existência de uma elite assenta em uma relativização do consenso:

> Sendo assim, torna-se impossível conseguir um consenso amplo nas interpretações, cuja incumbência é reservada, diante de Deus, aos eruditos.[48]

---

48. *FM*, p. 129.

O argumento do possível

a) Tese
Se o mundo é criado, é porque, antes de sua criação, ele era possível. Ora, o possível é uma qualidade relacional que não tem estatuto por si mesma: é esta ou aquela coisa que é considerada possível. E o que é possível é a matéria. Portanto, esta não vem *depois* do possível; caso contrário, o possível teria um estatuto próprio, independente da matéria, o que é absurdo. Portanto, a matéria, à semelhança do possível, sempre existiu; portanto, a matéria não é criada.

b) Objeção
Al-Ghazali apresenta sua objeção sob uma forma aparentada àquela referente ao tempo. O possível é algo puramente mental; o mesmo acontece com o necessário e o impossível. O possível nada pressupõe de real, caso contrário, deveríamos pressupô-lo também para o impossível; ora, falar de realidade impossível é uma abominação.

c) Resposta de Averróis
O possível pressupõe algo que é possível. O argumento segundo o qual o impossível não pressupõe um substrato é julgado por Averróis como sofístico.[49] À semelhança do possível, o impossível pressupõe um substrato porque o impossível opõe-se ao possível e os contrários opostos implicam necessariamente o mesmo substrato,

> porque o impossível é a negação do possível e se o possível pressupõe um substrato, o mesmo acontece com o impossível, por exemplo, quando dizemos que a existência

---
49. *TT*, p. 103.

do nada é impossível porque a existência dos contrários afastados é impossível tanto no interior quanto no exterior dos corpos naturais; e quando dizemos que a existência dos contrários é impossível no mesmo sujeito.[50]

6.2. *O problema da causalidade*

Assim como Galeno antes dele, Al-Ghazali nega a existência de uma relação causal necessária. Como o conhecimento humano deriva das impressões dos sentidos, e a idéia de causa necessária não pode derivar dos sentidos, não há causalidade necessária – aliás, esse argumento será utilizado, mais tarde, por David Hume. Entre o que chamamos causa e o que chamamos efeito, existe certamente uma relação; no entanto, esta é devida à onipotência divina que pode transformar sua natureza e não a uma relação causal que não pode ser diferente do que ela é. Assim, indica-se que nossa inteligência é fraca demais para descobrir o verdadeiro nexo que as coisas mantêm entre si. É possível sentir-se satisfeito sem comer; portanto, o alimento não é a causa exclusiva da satisfação, do mesmo modo que o fogo não é a causa exclusiva da queimadura. Deus é quem age por intermédio dos anjos ou sem mediação para que o algodão se torne preto em contato com o fogo, o qual, por si só, é inanimado e não tem ação.

De que prova dispõe, pergunta al-Ghazali, quem afirma que o fogo queima o algodão? De nenhuma, a não ser de ter observado que o algodão queimou quando entrou em contato com o fogo. A observação não permite tirar a conclusão de que o fogo é o agente que efetua o queimamento,

---

50. Ibidem, p. 103-4.

mas mostra simplesmente que se verificou um acontecimento (o queimamento) quando se registrou o outro (o fogo). O mesmo ocorre com os fenômenos de geração: não é o pai que é a causa do filho por meio de seu sêmen, mas Deus, que é o único criador. Ele é criador, e não artesão, como afirmam os filósofos; de fato, ser artesão é deixar que os mecanismos exerçam sua função. Al-Ghazali pretende combater nossa propensão a considerar nós mesmos ou as outras coisas criadas como causa. Por exemplo, um cego submetido à cirurgia da catarata durante o dia: como não tem a idéia da distinção dia-noite, ele enxergará as cores e pensará que a abertura de seus olhos é a causa ativa da percepção das formas de cor que ocorreu em sua vista; ainda mais, ele pensará que, enquanto seus olhos se mantiverem abertos, será indubitavelmente necessário que enxergue. Mais tarde, com o desaparecimento da luz do sol, ele ficará sabendo que o sol é que é a causa da impressão de cor em seus olhos. Portanto, o argumento consiste em mostrar que o simples contato entre duas realidades (nesse caso, os olhos e as cores) não é suficiente para que se possa falar de causa; o mesmo se verifica sempre que houver uma conjunção entre dois fenômenos. A causalidade reflete, portanto, nossa forma habitual de perceber as relações entre fenômenos.

6.3. *O problema do conhecimento das coisas particulares por Deus*

a) Tese

Trata-se de conciliar a onisciência divina com a imutabilidade divina. Se Deus apreendesse algo determinado, num lugar e instante determinados, ou sua apreensão mudaria, já que as coisas mudam, ou desapareceria, já que elas desaparecem. Para evitar essa dupla conseqüência, Avicena havia afirmado: Deus conhece as coisas particulares de maneira universal, ou seja, as coisas em sua universalidade, sem relação com os indicadores de tempo e de lugar.

b) Objeção
Se Deus só conhece as coisas de uma forma universal, então ele não conhece este homem, nem esta infidelidade. Ele conheceria a profecia, mas não este profeta: por exemplo, Muhammad. A revelação islâmica, enquanto revelação específica, perderia seu valor.

c) Resposta de Averróis
Em seu opúsculo "Damima" [Apêndice], dirigido ao soberano almôada Abu Ya'cub Yussuf, Averróis formula o problema desta maneira:

> Se todas as coisas deste mundo são conhecidas por Deus Glorioso antes que elas existam, no momento em que passam a existir, ele as conhece tais como elas já eram conhecidas ou, então, de um modo diferente do que estavam em seu conhecimento?[51]

O problema é de natureza epistemológica e, ao mesmo tempo, de natureza ontológica. Se dissermos que, no conhecimento de Deus, as coisas são diferentes entre os dois momentos, tiraremos a conclusão de uma mudança na ciência divina, o que é absurdo. Se, no entanto, dissermos que o conhecimento é o mesmo nos dois momentos, a questão torna-se: "As coisas existentes são as mesmas antes de existir e depois de passarem a existir?". A resposta deve ser negativa porque, caso contrário, daria no mesmo existir ou não existir. Portanto, é necessário que

---

51. Averróis, "Damima", "Appendice sur la question de la science éternelle", in *Fasl al-maqal*, op. cit., p. 56.

a ciência se identifique plenamente com a coisa para que seja o conhecimento dessa coisa e não de uma outra e seja, portanto, como essa coisa, produzida. Ora, tratando-se de Deus, tal conhecimento adventício é absurdo. Assim, "ou a ciência eterna sofre mudanças ou as coisas produzidas não são conhecidas por ela".[52] E a dificuldade é a seguinte: como conceber que a ciência de uma coisa antes e depois de sua existência seja uma só e a mesma coisa?

A resposta de al-Ghazali (a coisa produzida e o conhecimento dessa coisa por Deus são correlatos), segundo a qual os termos de uma relação não estão submetidos à mudança quando se verifica uma alteração em um dos dois, é criticada no opúsculo de Averróis. Estar do lado direito ou do lado esquerdo de uma coluna não pressupõe que a coluna tenha mudado de posição, diz al-Ghazali. Certamente, mas ele esquece de observar que a própria relação passou por mudanças: "estar do lado direito" é algo diferente de "estar do lado esquerdo"; ora, essa relação é o que, no nosso caso, simboliza o conhecimento de Deus. Portanto, esse conhecimento sofre mudanças, o que é absurdo.

A solução de Averróis consiste em indicar uma diferença de natureza entre a ciência do homem produzida e causada pelas coisas produzidas e o conhecimento de Deus que é a causa das coisas. Deve-se deixar de aplicar a Deus as categorias do particular e do universal, tais como estas são aplicadas ao homem; de fato, este conhece os particulares depois de terem sido produzidos e os universais depois de terem sido produzidos como universais de tais particulares:

---

52. Ibidem.

Os universais que conhecemos são também causados pela natureza dos seres.[53]

É por homonímia que se fala da ciência tanto dos homens quanto de Deus. Os homens têm um conhecimento adventício das coisas particulares; aliás, ele é causado pelas coisas conhecidas e varia como elas. Em compensação, Deus tem uma ciência pré-eterna dessas coisas, no sentido de que o conhecimento divino é causa de seu objeto. Deus não espera que as coisas sejam produzidas para conhecê-las porque, diferentemente do nosso, seu conhecimento não é um efeito das coisas. Ora, como o conhecimento divino é causa de seu objeto e como a causa não segue as modificações de seu efeito, nesse caso, a imutabilidade divina e a onisciência não estão ameaçadas:

> Do mesmo modo que não ocorre nenhuma mudança no agente no momento em que se produz seu efeito, quero dizer uma mudança que não existia anteriormente, assim também não ocorre no conhecimento do Deus Glorioso nenhuma mudança no momento em que o objeto de seu conhecimento é produzido por ele.[54]

É o princípio de causalidade que permite a Averróis encontrar a solução para a dificuldade. Ele retira a acusação que pesa sobre os filósofos, segundo a qual eles professariam que Deus não conhece os particulares; certamente, ele não os conhece com um conhecimento produzido, mas com outro conhecimento.

Dessa forma, Averróis ressalva o problema tanto da revelação quanto da premonição das coisas que devem

---

53. *FM*, p. 131.
54. Averróis, "Appendice...", op. cit., p. 59.

produzir-se no futuro. Em sua solução, ele permanece, aliás, fiel a Aristóteles quando este identifica Deus com o pensamento (e não com o *uno* de Avicena nem com a *vontade* de al-Ghazali):

> Ele [Deus] conhece as coisas porque estas provêm dele somente pelo fato de que ele possui o conhecimento, e não porque ele existe pura e simplesmente, nem porque existe com este ou aquele atributo, mas porque tem o conhecimento.[55]

---

55. Ibidem, p. 60.

5
Interpretar

Já abordamos a questão relativa à interpretação quando colocamos em evidência as modalidades da receptividade do Corão. Agora, trata-se de analisar a parte específica dessa prática de pensamento, considerando a presença de um texto sagrado que deve ser lido e compreendido. Nesse ponto, a posição de Averróis é bastante clara: no Corão, nem tudo é suscetível de interpretação, nem tudo é obscuro. Esse texto é "um milagre do ponto de vista da clareza e da evidência".[1] Trata-se de interpretar, ou seja, não se restringir ao sentido aparente, somente nos casos em que existe o convite explícito para fazê-lo; caso contrário, surge a ameaça de dissensão, acompanhada pela tentação sectária. Ainda fica por saber como interpretar. É útil voltar aos escritos do avô de Averróis, o grande *fqih* [jurista] andaluz que contribuiu com seus trabalhos para fornecer uma certa orientação intelectualista a essa atividade.

---

1. *KM*, p. 149.

1. A tradição andaluza relativa à teologia e ao direito: os escritos do avô de Averróis

Desde o início de sua obra, *Ibn Rushd-avô* (daqui em diante, IRA) sublinha que, para conhecer as obrigações legais (prece, esmola, etc.), é necessário conhecer Deus quanto a seus atributos de essência e quanto a seus atos, ou ao que substitui esse conhecimento, porque Deus dá sinais. Os 99 nomes divinos, enunciados pelo profeta, são subdivididos por IRA nos quatro seguintes grupos:

a) os nomes relativos à essência de Deus como ser existente [*mawjud*], eterno [*qadim*], subsistente [*baqin*];

b) os nomes relativos à sua essência como vivente e sábio, poderoso, ouvinte e vidente;

c) os nomes que negam as deficiências como rico (não tem necessidade de ninguém), santo (livre de qualquer vício), grande (invencível);

d) os nomes relativos a seus atos como criador, provedor, doador da vida e da morte.

É o entendimento dessas descrições que faz compreender a veracidade da profecia e o milagre.

> O milagre é atributo exclusivo de Deus; ele tem o estatuto da palavra de Deus; serve-se da via ou da mediação de um profeta, mas é Deus que o realiza.[2]

O conhecimento dos atributos de Deus é, portanto, exigido para atribuir ao ser mais perfeito a palavra inimitável do Corão. Desse ponto, deve ressaltar-se a insistência sobre o uso do poder de conhecer para iluminar a palavra sagrada.

---

2. *MM*, p. 12.

Além disso, segundo IRA, só podemos responder com nossa fé diante de Deus se tivermos seu entendimento. As condições do *taklif* [mandamento divino assumido pelo indivíduo] são três:

a) o intelecto visando à ciência necessária, que compreende a aritmética (dois é maior do que um) e pressupõe o princípio de contradição em sua versão ontológica (dois corpos não podem estar juntos no mesmo lugar, ao mesmo tempo);

b) *al-boulough* [maturidade] ou o fato de ter atingido a idade para a prática da religião;

c) a mensagem profética.

Antes mesmo de falar das leis religiosas e das obrigações corânicas, IRA apresenta, portanto, o conhecimento de Deus como a exigência primeira. O início do livro *Fasl al-maqal* [Discurso decisivo] é semelhante: como vimos, Averróis mostra o conhecimento de Deus como condição prévia para qualquer conhecimento das obrigações religiosas.

Na seqüência, o texto de IRA refere-se não tanto a leis, mas às rubricas de que elas fazem parte. As leis [*chara'i al-din*] religiosas chegam a nosso conhecimento de quatro maneiras:

a) pelo Corão, que "não é passível de qualquer falsificação"[3];

b) pela Suna, ou seja, os ditos do profeta, porque "aquele que adere ao profeta adere a Deus";

c) pelo consenso, cuja autenticidade é garantida por Deus no versículo "vai para o inferno todo aquele que não segue o caminho dos crentes"; do mesmo modo, o profeta disse "minha comunidade não se reúne a partir

---

3. Ibidem, p. 14.

do que é falso" [*dalala*], o que deixa pressupor que ela estabelece um consenso a partir do que é verdadeiro;

d) *al-istinbat* [a descoberta, por derivação, de *nabat*, ou seja, a primeira água que brota quando se escava um poço], que é o termo genérico de qualquer atividade silogística. A derivação opera a partir "destes três princípios: Corão, Suna e consenso"; e quem efetua o silogismo encontra-se na "posição do erudito abençoado por Deus".

Essa subdivisão tem uma estrutura de articulação em que cada parte encontra sua justificação na parte que a precede; o Corão continua sendo o texto fundamental que limita a regressão ao infinito. Assim, os ditos do profeta são justificados como fonte jurídica porque o texto sagrado manda seguir os profetas; o consenso é elevado à posição de fonte porque o profeta o legitimou; por último, apoiando-se nas três partes anteriores, a derivação silogística é, assim, classificada também entre as fontes do direito.

Averróis, como já sublinhamos, valoriza muito essa última fonte na medida em que ela esclarece os outros princípios do direito relativamente a seu objetivo: o Corão e os ditos do profeta não são blocos monolíticos cuja repetição seria suficiente para compreendê-los. Se, como mostra o texto de IRA, a derivação silogística apóia-se nas outras três fontes do direito é porque estas apresentam tal predisposição. Ou seja, elas prestam-se a uma derivação do sentido que pode limitar-se a uma palavra – e, nesse caso, trata-se de uma metáfora – ou a uma proposição inteira e, assim, temos um silogismo. Ainda fica por verificar de que maneira se exercem as múltiplas derivações.

É forçoso reconhecer que, no Corão, encontram-se expressões redundantes ou implícitas, metáforas – tais como "a fé ordena", "a prece evita o mal", "as asas do vício", etc. Convém evitar dizer que, por ser verdadeiro, o Corão não contém metáforas, porque estas, conforme observação de IRA, podem ser mais adequadas do que a expressão literal. Além disso, o uso freqüente de um termo como metáfora deixa de ser metafórico; o desafio torna-se a intenção visada do ponto de vista da comunicação [al-takhattub]. O mesmo ocorre com expressões metafóricas como "estão proibidos de utilizar as [coisas] mortas", "estão proibidos de estar com suas mães", "estão proibidos de estar com suas filhas"; ora, essas três expressões misturam o implícito com a metáfora e referem-se, respectivamente, à proibição de comer carne morta que não foi sacrificada segundo o ritual, e a proibição do incesto com a mãe ou a filha. A intenção é veiculada pela ação visada: no primeiro caso, o fato de comer; e no outro, a cópula.

A derivação de sentido refere-se também a uma proposição inteira. Nesse aspecto, encontra-se o uso do entimema, tal como este será formalizado por Averróis. O entimema, como estamos lembrados, é o silogismo retórico em que falta uma premissa. Por exemplo, este versículo: "aqueles que estão doentes ou viajando, o mesmo número de dias" – que tem a forma de um entimema – carece de uma premissa. Se o recompusermos, vamos ter o seguinte: aqueles que estão doentes não conseguem jejuar em certos dias; ora, eles deveriam jejuar durante todo o mês de Ramadã; portanto, terão de jejuar, mais tarde, o mesmo número de dias em que não jejuaram durante esse mês. Sem essa reconstituição, o texto é incompreensível.

Portanto, não é possível prescindir da derivação ou do silogismo; sua utilização é necessária do ponto de vista jurisprudencial e conforme à razão. "Trata-se de um dos fundamentos da jurisprudência"[4], como é confirmado

---

4. *MM*, p. 19.

pelas outras três fontes, analisadas por IRA a fim de encontrar uma justificativa para o uso do silogismo. A leitura dessas passagens mostra claramente que elas serviram de inspiração direta para Averróis; às vezes, os versículos citados são os mesmos. Assim, para justificar a prática silogística pelo texto sagrado, o neto retoma este versículo, que já é encontrado em IRA:

> Refleti, ó vós que sois dotados de inteligência.

Outros argumentos em favor do uso do silogismo não serão desaconselhados por Averróis e apresentam já um aspecto filosófico: o argumento da completude jurídica, por exemplo, a idéia de que não pode haver "lacunas lógicas" no texto sagrado, mas somente uma "indeterminação devida ao fato de que a norma não passa de uma moldura", segundo a terminologia de H. Kelsen.[5] IRA cita o versículo seguinte, em que é afirmado que "colocamos em evidência todas as coisas"; ora, como somos obrigados a aplicar todas as regras e como "nem todas as regras se encontram no texto do Corão", convém derivar todas aquelas que não são explicitamente mencionadas no texto. Um outro trecho do Corão é citado para justificar o fato de o texto sagrado apresentar apenas uma parcela do direito, e não todo o direito: passagem que fala do Corão como se fosse uma "primeira versão". O muçulmano tem o dever de construir racionalmente, pelo silogismo, as outras versões.

Quanto aos ditos do profeta, a Suna, encontra-se aí também uma justificativa para a derivação silogística. O profeta ordenou o uso do ponto de vista [*ra'yy*] e do

---

5. H. Kelsen, *La Théorie pure du droit*, tr. fr. (1953), Neuchatel (Suíça), p. 144. [Ed. bras.: *Teoria pura do direito*, São Paulo, Martins Fontes, 1998.]

itjihad, ou seja, o esforço que consiste em interpretar o texto sagrado. O argumento de IRA é o seguinte: como o que foi lícito no tempo do profeta e da revelação deixará de sê-lo uma vez que esta estiver encerrada?[6] Não é verdade que um dos ditos do profeta indica o seguinte: "faço o julgamento segundo vosso ponto de vista nas matérias em que não há revelação"? Por último, o Corão corrobora o uso do julgamento e, concomitantemente, a pesquisa das causas e razões que servem de fundamento à derivação silogística. Um dos versículos orienta-se nesse sentido e diz:

> Realmente, o Livro foi-te revelado para que julgues as pessoas segundo o que Deus te ensinou (IV, 105).

A terceira fonte do direito, ou seja, o consenso, utiliza constantemente o silogismo, muito antes que este tivesse sido rejeitado pelos dahiritas, que, por sua vez, preconizam o uso literal do texto sagrado. Tal utilização é confirmada pelas próprias controvérsias entre os companheiros do profeta, que incidem sobre a não-observância das obrigações, a expiação de um assassinato por pagamento, etc. Na parte final deste livro, voltaremos a essa noção do consenso.

2. *Controvérsia e silogismo*

Por que Averróis consagra um livro[7] ao *khilaf* ou, em outras palavras, à controvérsia jurídica? Pode-se dizer que, nesse tipo de controvérsia, é privilegiado o uso do silogismo sob sua forma ao mesmo tempo genérica e

---

6. *MM*, p. 19.
7. Averróis, *Bidayat al-Mujtahid wa nihayat al muqtasid*, 2 tomos, Cairo, Matba'a al istiqama, 1938.

específica: genérica, como derivação de sentido ou de proposição, e específica, sob a forma canônica do silogismo aristotélico. A contribuição de Averróis[8] na análise jurisprudencial é a mistura realizada entre a tradição do *fiqh* [direito muçulmano], oriunda de seu antepassado, e a tradição aristotélica. Já tivemos a oportunidade de sublinhar as implicações filosóficas dessa dupla tradição; agora, é importante registrar as características próprias da controvérsia jurídica. Deve-se observar que Averróis considera a noção de controvérsia em direito como um elemento positivo que permite aperfeiçoar o uso crítico da razão; como vamos ver, tal controvérsia opõe-se, ponto por ponto, às dissensões teológicas. Em vez de procurar produzir uma nova dogmática, a controvérsia jurídica indica o alcance e os limites de cada solução de direito e faz apelo ao julgamento suficientemente fundamentado do leitor que, por seu esforço [*al-ijtihad*], está em condições de formular sua própria opinião, sem que, por isso, seja incentivado a desrespeitar a lei. No entanto, convém encontrar o meio de comparar vários modelos jurídicos, ligados a escolas de direito, estando ciente de que é bem tênue o limite entre o crente comprometido com sua fé e o cidadão que obedece à lei.

---

8. A. Turki, em *La Place d'Averroès juriste dans l'histoire du malikisme et de l'Espagne musulmane*, op. cit., p. 286, sublinha a originalidade da tentativa de Averróis: "O objetivo perseguido e declarado por ele consistiu em tentar encontrar uma explicação válida e verossímil para este *Khilaf* [controvérsia] ao estudar os modos de dedução de tais soluções a partir das fontes clássicas do direito. Contrariamente a seus predecessores em tal empreendimento [...], embora fosse malikita e oriundo de uma família de grandes malikitas, ele não tem de modo algum a ambição de lançar-se nessa literatura de polêmica, comprometida na defesa de sua escola; portanto, honesta e objetivamente, reproduz qualquer ponto de vista válido sobre qualquer questão notória, acompanhado por sua argumentação ou, antes, por aquela que lhe parece ser a mais pertinente".

A lei muçulmana, conforme já observamos, funda-se em primeiro lugar nos textos sagrados (Corão e ditos proféticos), que, em princípio, têm em si sua própria justificação. Entretanto, é necessário fazer um esforço para apresentar a autenticidade das cadeias de transmissão da palavra profética: a verificação da transmissão é um elemento essencial. Acabamos de dizer que a função das escolas de direito consiste em fornecer modelos jurídicos; deve-se também sublinhar que a distinção entre "*corpus Juris*, a discussão de escola e a prática jurisprudencial" é "vã ou precária".[9]

Averróis cita quatro grandes escolas de direito. Os malikitas pretendem promover a tradição profética de Muhammad, opondo-se aos hanafitas[10] [do nome do fundador, Abu Hanifa], que valorizavam o *dann* ou opinião pessoal. Mencionemos, também, a escola zahirita, que é literalista, e a escola chafiita[11], que exerceu uma grande influência sobre Ibn Tumart, fundador da dinastia dos almôadas.

A introdução do malikismo[12] na Espanha aconteceu, provavelmente, em 796. Durante dois séculos, essa escola exerceu uma influência quase exclusiva: o hanbalismo não existia como ritual constituído, o hanafismo estava pouco disseminado e o chafiismo tinha uma audiência limitada.

---

9. R. Brunschwig, "Logique et droit dans l'Islam classique", in *Études d'islamologie*, tomo II, Paris, Maisonneuve et Larose, 1976, p. 349.
10. Ver, neste livro, p. 21.
11. Idem.
12. Ver, neste livro, p. 20, nota 2.

2.1. Bidayat al-mujtahid wa nihayat al-muqtasid
[*Começo para o diligente e fim para o resignado*]

Com o fim do califado omíada, em 1031, verificou-se uma fragmentação e o florescimento do pluralismo. Na Espanha do século XI, "no interior do malikismo, o interesse é cada vez maior pela metodologia jurídica e pela ciência das polêmicas".[13] Ora, o *khilaf*, ou controvérsia, é o tema central de *Bidayat al-mujtahid wa nihayat al-muqtasid* [Começo para o diligente e fim para o resignado], livro em que Averróis expõe pontos de vista divergentes que fazem parte de todos os princípios sunitas; às vezes, a questão fica sem resolução. Nesse texto, existem confrontos entre os argumentos cultuais e os argumentos racionais. No primeiro plano, figuram argumentos racionais, o raciocínio jurídico e o desafio relativo à completude do direito; esse problema já havia sido abordado por IRA e pressupõe a validade jurídica de sentenças pronunciadas sobre casos não previstos, literalmente, pelo Corão ou pelos ditos do profeta. Constata-se, em Averróis, uma nítida relativização do *ijma'*, ou consenso, porque este não é uma fonte autônoma de legislação; de fato, o consenso deve apoiar-se em um texto básico (Corão ou ditos do profeta) ou em sua interpretação racional. Na maior parte das vezes, entre os jurisconsultos, encontramos uma alternância de provas racionais e de argumentos extraídos do texto sagrado; no final deste livro, voltaremos a falar das implicações filosóficas dessa relativização do consenso.

O livro *Bidayat al-mujtahid* compreende duas partes: a primeira é consagrada ao culto [*al-Ibadat*] e a segunda é dedicada às relações sociais [*al-mu'amalat*]. Portanto, esse tratado faz parte do gênero do *khilaf* [controvérsia]; de

---

13. A. Turki, *La Place d'Averroès juriste dans l'histoire du malikisme et de l'Espagne musulmane*, op. cit., p. 285.

fato, *ilm al-khilaf* é a ciência que avalia as provas jurídicas e expõe os diversos argumentos, tendo como objetivo a apresentação de provas categóricas. Convém observar que a ciência da controvérsia foi desenvolvida, sobretudo, pelos hanafitas e pelos chafiitas; por sua vez, o número de malikitas, pertencentes a uma escola mais tradicionalista, que se interessaram por tal estudo foi bem reduzido. Daí o paradoxo averroísta: oriundo do malikismo, ele escreve uma obra sobre as controvérsias jurídicas.

Na ciência do *khilaf*, encontramos aqueles que adotam o *hadith* [os malikitas] e aqueles que defendem a opinião [hanifitas, no Iraque]. Averróis trata de casos particulares que haviam suscitado acordo ou divergências entre os juristas, desde a época dos companheiros do profeta; o conflito pode incidir, por exemplo, sobre duas leis que tiram conclusões contraditórias.

2.2. Al-ijtihad

Averróis é favorável ao *ijtihad*, ou seja, ao esforço racional de interpretação dos textos; no entanto, para ele, esse esforço não se contém nos limites doutrinais de uma escola, e deve analisar as diversas soluções. O filósofo cordovês diz que está interessado apenas em regras explicitamente enunciadas pela lei religiosa e, portanto, limita-se a abordar os *usul* e *qawa'id* [princípios e regras]. Se os ditos proféticos parecem contradizer-se, é necessário tentar conciliá-los, em vez de dar a preferência a um deles. No entanto, essa conciliação faz-se segundo uma hierarquia que respeita a ordem das cinco qualificações jurídicas: o obrigatório, o recomendado, o permitido, o desaprovado e o proibido.[14] Averróis concorda com Ibn Hazm no ponto em

---

14. Para uma análise de tais qualificações, ver a "Introdução" de A. de Libera ao *Discours décisif* de Averróis, tr. fr., Paris, GF, 1996, p. 13-20.

que este diz que a simples opinião [*al-dann*] não deve servir de fundamento ao direito. Assim, critica severamente os hanafitas que, por analogia, autorizam as abluções para se refrescar ou para se lavar – ou seja, sem intenção de prece; nesse aspecto, o *khilaf* encontra-se entre limpeza e culto.

No entanto, Averróis não segue, em geral, as diatribes de Ibn Hazm contra o uso do raciocínio jurídico por analogia [*al-qiyas al-char'i*]; ele apresenta os argumentos de maneira a deixar a escolha ao leitor ou de modo a propor a solução que lhe parece ser a mais razoável. Em vez de promulgar normas, o intuito de Averróis consiste em instruir o problema para permitir a escolha da norma segundo o que agrada ao espírito [*ad-dawq al-aqli*], depois de ter comparado os diferentes argumentos; em vez de proceder à análise de um princípio de determinada escola para adotá-lo ou rejeitá-lo, o objetivo de seu livro consiste em indicar as regras e os fundamentos para cada caso.

2.3. *Abluções e bebidas fermentadas*

Vejamos como ele trata o problema da intenção da prece nas abluções, que pode ser formulado da seguinte forma: as abluções poderão estar a serviço de outros objetivos, além da prece? Alguns intérpretes, entre os quais os chafiitas e os malikitas, pensam que não; outros, como os hanafitas, pensam que sim. A controvérsia incide sobre o fato de saber se as abluções devem ser efetuadas exclusivamente para a prece ou, então, igualmente com a finalidade de lavar-se de uma mancha. Em vez de incidir, diz-nos Averróis, sobre o fato de saber se a prece requer uma intenção – todas as escolas estão de acordo em relação a tal requisito –, a divergência incide sobre o fato de saber se as abluções que são semelhantes, quer seja para se lavar (de uma sujeira qualquer), quer seja para a prece, podem ser efetuadas em conjunto ou separadamente, no pressuposto de que, em um caso, a prece, a intenção é requerida e, no outro, a limpeza, essa mesma intenção não é exigida.

A resposta de Averróis consistirá em evitar a posição partidária – portanto, nem do lado dos chafiitas, nem do lado dos hanifitas –, mas fornecer ao leitor os instrumentos para que ele possa escolher, sem fazer a escolha em seu lugar: o *ijtihad*, o esforço de interpretação, consiste em escolher a solução mais razoável, considerando as condições da prece e da limpeza.

Esse mesmo método é utilizado no trecho de *Bidayat* que diz respeito à proibição do álcool. O problema incide sobre as bebidas fermentadas inebriantes: tal proibição é de princípio – todas as bebidas alcoólicas – ou terá a ver apenas com seu caráter inebriante? Segue-se uma argumentação baseada na lógica e na lingüística. Averróis começa por mencionar as diferentes fontes do direito: para os juristas da Arábia [*ahl al-hijaz*] e seus contemporâneos andaluzes, as bebidas fermentadas são proibidas como tais; por sua vez, para os iraquianos, entre os quais Abu Hanifa e sua escola, para os juristas de Kufa e para a maior parte dos eruditos [*Ulama*] de Bassorá, a proibição incide não sobre a própria bebida fermentada, mas sobre seu elemento inebriante.

Para Averróis, essa primeira divergência deve ser superada; é necessário explicar ou, melhor ainda, produzir as razões dessas duas opiniões. A razão da divergência entre elas reside no conflito entre os raciocínios e as tradições. Assim, alguns invocam o dito do profeta segundo o qual "toda bebida inebriante é proibida", e a ele é acrescentado o seguinte: "tudo o que embriaga é fermentado, e tudo o que é fermentado é proibido"; segundo Averróis, esses dois ditos estão bem fundamentados. A partir daí, o primeiro dito é corroborado por um outro que diz que a bebida que embriaga quando é ingerida em grande quantidade é proibida mesmo se for absorvida em quantidade ínfima. O segundo dito assenta em dois argumentos: um de transmissão e o outro, lingüístico, baseado na raiz da palavra "fermentação", que só pode qualificar uma bebida por derivar do verbo que significa "apoderar-se do espírito". O outro argumento baseia-se em dois ditos do profeta: conforme o primeiro, a fermentação vem da palmeira e da vinha; e, no segundo, o profeta teria afirmado: "há fermentação na uva, no mel, nas passas e no trigo; e chamo a vossa atenção contra tudo o que embriaga".

Quanto aos kufis (habitantes de Kufa; por extensão, a palavra designa a escola jurídica da cidade), eles citam o versículo "das tâmaras da palmeira e das uvas resulta vossa ebriedade e vosso proveito". Nesse caso, o raciocínio é o seguinte: se tal procedimento fosse proibido, Deus não teria dito que se tratava de um benefício; ora, Deus menciona esses frutos como benefícios, portanto, eles não são proibidos como tais. Os kufis procuram a razão que teria levado a tal proibição e chegam à conclusão de que a embriaguez conduz ao esquecimento de Deus e provoca a hostilidade. Nesse caso, eles invocam o versículo 91 da surata V:

> Satanás ambiciona apenas infundir, no meio de vós, o ódio e o rancor sob a forma de álcool e de jogos de azar, bem como apartar-vos da lembrança de Deus e da oração.[15]

2.4. *Corão, Suna e consenso*

Averróis lembra, sem tomar partido, que os chafiitas recusam levar em consideração, do ponto de vista legal,

---

15. *Corão Sagrado*, op. cit., p. 85.

os *marasil*, ou seja, os *hadiths* que não estão identificados com o nome de um companheiro do profeta; o filósofo cordovês também não toma partido em relação à questão das *akhbar al-ahad* [tradições transmitidas por linhagem única], descartadas pelos hanafitas. A prática de Medina, evidenciada pelos malikitas a ponto de constituir um consenso, não lhe parece ser justificada, porque trata-se de um consenso restrito [*ijma'al-ba'd*]; em compensação, ela fornece um critério anexo [*qarina*]. O certo é que Averróis admite o consenso como uma verdadeira fonte legal apenas no âmbito do Corão e da Suna:

> O consenso não é uma espécie de direito independente; isso implicaria o estabelecimento de uma legislação suplementar, posterior ao profeta.[16]

O consenso deve encontrar apoio [*mustanad*] em um texto de base, ou seja, sagrado. Sabe-se, agora, que Averróis só considera estabelecido um consenso que incida sobre uma questão, em geral *prática*, do dogma em relação à qual não pode haver divergências; desse modo, ele exclui qualquer questão *teórica* que, além de ser compatível com várias interpretações, é reservada ao conhecimento de alguns crentes, ou seja, aqueles que têm acesso à demonstração – o que exclui, portanto, a maior parte dos outros membros da comunidade. O consenso é, desse ponto de vista, estruturalmente impossível:

> Como seria possível conceber que chegasse até nós, por tradição, a existência de um consenso a propósito de uma questão teórica qualquer, sabendo perfeitamente que,

---

16. Averróis, *Bidayat al-Mujtahid wa nihayat al muqtasid*, op. cit., I, 5.

em nenhuma época, se verificou a falta de eruditos para julgar que a revelação comporta certas coisas cujo verdadeiro sentido não deve ser conhecido por todo mundo? Contrariamente ao que se produziu para os conhecimentos religiosos de ordem prática, que, segundo a opinião de todos, devem ser indiferentemente ministrados a cada um e para os quais basta que, a seu respeito, cheguemos a um consenso, que consiste na difusão de determinada posição doutrinal sem que tenha sido transmitida a existência de qualquer divergência a seu propósito.[17]

Segundo ele, a prática de vários companheiros não poderia constituir, por si só, uma espécie de *ijma'*, na medida em que é muito difícil circunscrever o conjunto dos eruditos em questão e o período durante o qual eles viveram. Assim, é necessário reconhecer maior valor ao raciocínio analógico do que à fala de um companheiro [*qawl al-sahabit*]. Contrariamente aos zahiritas, para quem o consenso tem um valor maior do que o raciocínio analógico, este é aceito por Averróis; no entanto, é evidente que esse tipo de raciocínio permanece subordinado a um *hadith* [dito profético] bem fundamentado e, por si só, não poderia dar crédito aos ditos proféticos menos bem estabelecidos, ou seja, aqueles que não se beneficiam de um elevado grau de verossimilhança e cuja transmissão comporta lacunas ou aspectos obscuros. Os raciocínios analógicos são também julgados frágeis quando, em relação a um caso controverso, há assimilação a um caso parecido que já havia recebido o consenso.

---

17. *FM*, p. 125.

3. Os limites do consenso

Como mostramos a partir dos escritos de IRA, o consenso provém de sinais proféticos, de provas dadas pelos textos ou por um esforço [*ijtihad*]. Nesse último caso, existe uma subdivisão: o esforço pelo qual os eruditos e a massa estão de acordo relativamente a questões tais como as abluções, a prece, o jejum e a esmola; e o esforço que leva ao consenso entre os eruditos sem que o mesmo se verifique em relação à massa, por exemplo, tratando-se de questões teóricas.

Habitualmente, na tradição muçulmana, o consenso é uma forma de acordo sobre o sentido do texto religioso. Como acabamos de ver, Averróis indica que só pode haver consenso em relação a questões práticas, e não relativamente a questões teóricas.[18] Transposto do âmbito jurídico para o teológico, o consenso perde todo o alcance especulativo; a prática dos teólogos, baseada em interpretações pretensamente consensuais e que não deixam de suscitar um espírito de sectarismo, encontra-se fortemente abalada. Por sua cultura filosófica, Averróis é impelido a colocar, em primeiro plano, a prova em vez do consenso e, assim, abandonar essa noção à dialética dos teólogos. Como ocorre tal abandono? Para isso, é importante voltar aos comentários aristotélicos de Averróis e, em particular, àquele sobre os *Tópicos*, a fim de verificar como a dialética do Estagirita servirá para circunscrever e invalidar, em seu alcance especulativo, o consenso da dialética religiosa.

Pode-se partir da seguinte questão: como salvaguardar a prática da comunidade científica, que se encontra em contínua disputa e cujos resultados são sempre passíveis

---

18. Ibidem, p. 125.

de revisão, livrando-a da influência do consenso religioso que – tendo chegado a acordo, um dia, em relação a uma interpretação – afastará por isso mesmo, de forma sectária, outras maneiras de ver? Do ponto de vista conceitual, o consenso possui uma estrutura semelhante às premissas dialéticas, ou seja, premissas comumente compartilhadas, seja exclusivamente pelos eruditos, seja pelos eruditos e pelo comum dos mortais. Ora, o caráter próprio do filósofo consiste em ser um homem da demonstração, não da dialética; desde então, o que ele visa não é ao consenso, mas à prova. As provas, por natureza, não se contradizem umas às outras, nem se opõem; através dessa distinção entre prova e consenso, Averróis procura salvaguardar a prática da filosofia.

Já vimos que importantes pensadores árabo-muçulmanos criticam a filosofia por produzir teses contraditórias, portanto, por semear a dúvida e engendrar suspeitas relativamente à prática religiosa; em poucas palavras, por dissolver a fé. O desafio para Averróis consiste em mostrar que se trata de uma acusação sem fundamento: as teses filosóficas não são objeto de consenso; ou seja, não são teses presentes sob a forma dialética da oposição entre opiniões nem teses suscetíveis de produzir um assentimento a uma delas em detrimento da possibilidade da tese oposta.

As interpretações filosóficas não são de natureza dialética: não há consenso a seu respeito porque, na verdade, ao visarem à demonstração, não são assim tão divergentes; daí a insistência de Averróis sobre a impossibilidade de conceber um consenso relativamente às questões teóricas. Vejamos o exemplo das teses cosmológicas sobre a criação do tempo ou da matéria. Em relação a tais questões, dispomos da tese platônica e da tese aristotélica: a afirmação do começo do tempo (Platão) ou sua negação (Aristóteles) não redundam em teses opostas, mas em doutrinas que não são assim tão consideravelmente afastadas[19] uma da outra a ponto de ser possível qualificar uma como infiel e a outra não. De fato, à semelhança desse caso, as opiniões deveriam ser afastadas o mais possível uma da outra, ou seja, opostas, como os teólogos julgaram ser o caso concreto – a saber, que os termos pré-eternidade e adventicidade, aplicados ao mundo em sua totalidade, eram opostos; no entanto, deduz-se de nossa argumentação que esse não era o caso.[20]

O trabalho que consiste em opor os filósofos uns aos outros, à semelhança do que foi feito por al-Ghazali[21], e seguido pelos teólogos, introduz a filosofia na cena dialética e retórica. Desde então, o resultado é desastroso sob vários aspectos:

a) cria-se a oposição, em vez da conciliação;

b) desenvolve-se uma paixão pela ambigüidade porque se aceita como produções do intelecto o que não passam de opiniões que não foram submetidas à prova. Por serem inadequadas, por um lado, com o texto sagrado – elas não dispõem de provas – e, por outro, com o público incapaz de compreendê-las – este, naturalmente, só tem acesso ao que é manifesto no texto –, as interpretações

---

19. Conforme a ênfase é colocada na similitude do tempo com o existente verdadeiro ou adventício.

20. *FM*, p. 133.

21. Em seu livro sobre a incoerência dos filósofos, ele havia considerado que al-Farabi e Ibn Sina (Avicena) tinham rompido o consenso sobre a eternidade do mundo e, por conseguinte, eram infiéis. Tal acusação categórica de infidelidade proferida por al-Ghazali – que, nesse livro, manifesta uma atitude radical e polêmica – é despropositada porque, no entender de Averróis, "a qualificação de infidelidade por ruptura de consenso é duvidosa" (ibidem, p. 127).

teológicas acabam precipitando "as pessoas no ódio, na execração mútua e em guerras"[22];

c) a tentativa de colocar as produções da filosofia no terreno sociorreligioso e sociopolítico constitui uma ameaça para alcançar qualquer consenso possível; ou seja, engendra seitas e dissensões com base em interpretações teológicas que pretendem ser conformes ao texto óbvio e, portanto, forçar a convicção. Ora,

> nem mesmo as teses dos teólogos a propósito do mundo estão em conformidade com o sentido óbvio do texto revelado; os teólogos limitam-se a fazer uma interpretação. De fato, a Revelação não afirma que, algum dia, Deus tenha estado com o puro nada; isso não é enunciado em parte alguma do texto sagrado.[23]

O resultado é, definitivamente, paradoxal: a tentativa de posicionar a filosofia no terreno do consenso, isto é, no terreno dialético da oposição entre teses, constitui uma ameaça não só para a prática filosófica, mas também para a ordem social.

Corrigir tal paradoxo é reconhecer as divergências das interpretações filosóficas que, por mais importantes que sejam, nunca chegam a ameaçar o regime da prova. Em geral, tais divergências levantam problemas de tradução e não de consenso: "O que é chamado anjo pelos relatos do texto sagrado, os filósofos contemporâneos chamam intelecto agente"[24], conforme expressão utilizada pelo *Tahafut al-tahafut*. Esse exercício de tradução é, para Averróis, o caráter próprio da reflexão mútua sobre a

---

22. Ibidem, p. 165.
23. Ibidem, p. 135.
24. *TT*, p. 515-7, 2ª ed. árabe de M. Bouygues, 1987.

religião e a filosofia; como esta é, em sua forma perfeita, a ciência da demonstração, ainda fica por apreender no plano do intelecto agente, não mais o consenso, mas a partilha no pensamento dos inteligíveis. Já não estamos no plano do que é passível de discussão ou de dialética, mas no plano do que é transponível e traduzível, ou seja, compreensível. Precisamente no aspecto em que cessa o consenso começa a atividade própria do filósofo, ou seja, demonstrar:

> Já que a crença com que Deus qualificou os eruditos é algo que lhes é particular, é necessário que se trate da crença que provém da demonstração; além disso, por ser oriunda da demonstração, ela é acompanhada necessariamente pelo conhecimento da interpretação [...] Sendo assim, em relação a interpretações, que são o apanágio dos eruditos, é impossível estabelecer a existência de um consenso ampliado ao público comum.[25]

O essencial, aqui, não é o compartilhamento das crenças com todos, mas a identificação com a parte que, em si, é a mesma que se encontra em todos e em Deus: o intelecto. A leitura por Averróis da surata III, 7 indica que se trata de um saber compartilhado entre Deus e os "homens de uma ciência profunda". Nesse ponto começa o prazer de pensar de que já falamos. Um prazer que, à semelhança de todos os prazeres, pressupõe uma apreensão de algo, uma percepção, mas cuja modalidade consiste em ser um prazer em ato e não em potência. Ou, em outras palavras, um prazer cujo oposto não é o sofrimento, mas um prazer sem contrário: um prazer que tira sua força dele mesmo; por conseguinte, um prazer divino.

---

25. *FM*, p. 129.

4. Saber filosófico e visão profética

Os comentários de Averróis ao *De anima*, de Aristóteles, conseguiram, como vimos, elucidar a questão relativa à imaginação e ao intelecto. Mas, em conformidade com seu método de colocar em relação [*al-ittissal*] conceitos filosóficos com relatos do texto sagrado, é menos importante apreender a conciliação entre as duas tradições – filosófica e profética – do que dar as formas de correspondência ou de tradução. A tentativa dos "antigos" – entre os quais deve ser incluído, sobretudo, Aristóteles – permite neutralizar as paixões contemporâneas e, em particular, combater os filósofos (Avicena) ou os pensadores ortodoxos (al-Ghazali) que exprimiram idéias pouco prudentes sobre o tema da profecia. Assim, sem se pronunciar sobre o que é possível ou não – por outras palavras, sem pretender apresentar as *condições de possibilidade* da profecia e da revelação –, Averróis indica as formas de correspondência entre o saber intelectual e o texto sagrado:

> O que dizem os antigos a propósito da revelação e da visão refere-se a Deus pela mediação de um ser espiritual não corporal, doador, segundo eles, do intelecto humano, que os contemporâneos chamam intelecto agente e que o relato do texto sagrado designa por anjo.[26]

O intelecto é, portanto, como um anjo; o que muda é a denominação. Em vez de uma filosofia da religião, Averróis deseja, sobretudo, uma filosofia da tradução, capaz de fornecer as grades de leitura para os diferentes públicos, segundo o saber adquirido por eles: se forem

---

26. *TT*, p. 515-7.

filósofos, a tradução permitir-lhes-á avançar em direção ao texto sagrado; se forem especialistas da interpretação dos textos sagrados, a tradução orientar-se-á para os escritos filosóficos.

Avicena não escolheu essa via e tentou apresentar as condições de possibilidade da profecia; ora, tais condições não passam de especulações arbitrárias que fragilizam a reflexão filosófica e correm o risco de dar crédito aos detratores da filosofia, tal como al-Ghazali.

> O possível ao alcance do homem é conhecido; ora, a maior parte das coisas possíveis em si mesmas não estão a seu alcance; assim, apesar de não estar ao alcance do homem, o que o profeta vier a fazer de milagroso é possível em si, e não temos de estabelecer que, ao estarem fora do alcance do intelecto, as coisas estão ao alcance dos profetas.[27]

Convém, portanto, descartar toda reflexão sobre as possibilidades proféticas e fazer incidir a análise, de preferência, sobre o próprio dado revelado, ou seja, o *texto*. Averróis não cessou de repetir que o legislador – a saber, o profeta Muhammad – fez apenas um pedido: "a fé em sua mensagem".[28] Nesse mesmo trecho do *Kachf* [Exposição], incidindo sobre os profetas e os milagres, ele insiste em dizer que somente o Livro "delimita"[29] aqueles que são visados pelo profeta; além disso, cita versículos corânicos que colocam em evidência a importância do Corão como livro.[30] Finalmente, no trecho já citado do *Tahafut*

---

27. Ibidem, p. 517.
28. FM, p. 78.
29. Ibidem.
30. Corão, surata *Hud*, versículo 13 (*Corão Sagrado*, op. cit., p. 155): "Ou, ainda, não é verdade que eles dizem: 'é uma falsificação dele'? Dize-lhes:

al-tahafut – aquele em que Avicena é violentamente criticado –, Averróis indica que o Corão, *recebido* como livro, não é um milagre, na medida em que é inteligível de ponta a ponta, feito para ser lido e compreendido:

> Se analisares os milagres cuja existência foi autenticada, verificarás que eles são dessa espécie; o livro de Deus tornou-os evidentes, livro que não é milagroso do ponto de vista da audição.[31]

Para Averróis, o Livro é o único milagre distintivo do profeta Muhammad; ainda mais, é o único sinal verdadeiramente profético. Nesse aspecto, sua natureza é diferente do milagre relativo à metamorfose da vara em serpente, distintivo de Moisés, e à ressurreição dos mortos, distintivo de Jesus. Esses dois milagres,

> mesmo quando aparecem pelo viés dos profetas e recebem a aprovação dos homens comuns, não são em si mesmos sinais decisivos da [profecia], quando considerados isoladamente.[32]

O argumento é, como se pode ver, *contextual*. Por ser distinto dos atos singulares, o Livro é incluído imediatamente em uma rede de correspondências; por si só, é um contexto. Em compensação, os atos milagrosos, tais como a metamorfose ou a ressurreição, não são sinais por eles mesmos. Segue-se uma metáfora bastante explícita, extraída da área da medicina:

'Pois bem, apresentai dez suratas semelhantes às dele, e rogai, para tanto, a quem possais que não seja Deus, se sois verídicos'".
31. *TT*, p. 516.
32. Averróis, *al-Kachf*, op. cit., p. 184-5.

> Se duas pessoas afirmam que são médicos e uma diz: o sinal que indica que sou médico é o fato de que ando sobre a água; e a outra: o sinal que indica que sou médico é que consigo curar os doentes. Em seguida, a primeira andou sobre a água e a outra curou um doente; então, nosso assentimento demonstrativo, quanto à competência médica, será dado à pessoa que conseguiu curar o doente, e nosso assentimento, baseado em uma simples persuasão quanto a essa mesma competência, será dado àquela que anda sobre a água.[33]

Portanto, Averróis não se preocupa em proceder à análise das possibilidades supra-humanas, ou seja, as proféticas. Para o filósofo cordovês, as análises de Avicena relativas ao poder da imaginação, vigilante e vigoroso, demonstrado por alguns homens que conseguem libertar-se da submissão aos sentidos, parecem ser um modo concreto de desencaminhar-se da reflexão filosófica, que nunca deverá perder o norte da demonstrabilidade. Ora, em relação ao poder profético, temos apenas conjecturas.

Em compensação, Avicena apodera-se do tema da profecia para articular o conhecimento especulativo com a visão profética. Segundo ele, no profeta, o conhecimento das coisas particulares depende do mesmo princípio que orienta o conhecimento demonstrativo. Ora, como acabamos de ler, para Averróis, todos os atos proféticos, salvo a revelação do Livro, são desconectados dessa revelação; somente esta, quanto à sua recepção, ou seja, quanto à possibilidade de ser lida e compreendida, pode ser objeto de uma demonstração. Eis o que havíamos sublinhado na parte consagrada à justificativa do uso do silogismo aristotélico na leitura do Corão; em compensação, os outros atos proféticos, entre os quais é possível contar a visão

---

33. *KM*, p. 185.

futura dos atos singulares, escapam à sua jurisdição. Como é demonstrado pela metáfora dos médicos, trata-se de atos não distintivos da profecia como tal; por conseguinte, nada impede que outros homens façam tal experiência. Aliás, Averróis reconhece que, durante o sono, o homem comum tem uma visão das coisas futuras e singulares. Mas, na medida em que são singulares, nenhuma demonstração pode ser feita a seu respeito: toda demonstração utiliza uma premissa universal e, nesse caso, é exatamente tal premissa que faz falta.

Em um trecho do *Fasl al-maqal* em que Averróis defende o pensamento de Aristóteles contra al-Ghazali – este afirmava que os filósofos peripatéticos não reconheciam que Deus tivesse conhecimento dos particulares –, lê-se o seguinte:

> Mas como é possível iludir-se a propósito dos peripatéticos a ponto de imaginar que eles afirmam que Deus – louvado seja Ele – não conhece em sua ciência pré-eterna as coisas particulares, tanto mais que, segundo a opinião deles, a verdadeira visão compreende a premonição das coisas particulares que deverão advir no futuro e que essa ciência premonitória ocorre ao homem durante o sono?[34]

Mas é difícil fazer a demonstração do conhecimento que ocorre ao homem durante o sono. É também difícil proceder, como Avicena, por analogia, ao postular que acontece aos profetas,

> no estado de vigília, o que ocorre a outros durante o sono, segundo um estado – que será abordado mais tarde – em que o indivíduo tem a percepção de coisas

---

34. *FM*, p. 131.

escondidas [*magibat*] ao constatá-las tais como elas são ou por seus símbolos.³⁵

Em compensação, o que é sempre possível fazer, de modo demonstrativo, é fornecer as condições de veracidade e de falsidade das proposições que incidem sobre o futuro, desde que se trate de um possível em escala humana; o possível profético é, do ponto de vista humano, puramente conjectural. Para isso, é necessário deixar o domínio da visão profética e reencontrar o da prática filosófica, tal como balizado pelos "antigos", tendo à sua frente Aristóteles. Rapidamente, torna-se evidente que, para proposições desse gênero, é necessário deixar em suspenso o princípio do terceiro excluído até que seja verificado se todas as condições para sua aplicação são satisfeitas. Assim, no *Médio comentário* proposto por Averróis ao *De interpretatione*, vê-se o filósofo andaluz tentar a conciliação entre a regra segundo a qual os contraditórios compartilham o verdadeiro e o falso, e a crença na contingência. A análise, à semelhança do que ocorre em Aristóteles, debruça-se sobre os diferentes casos que se apresentam à nossa frente quando nos questionamos a respeito das proposições relacionadas com as coisas singulares futuras: será que estas compartilham o verdadeiro e o falso de maneira definida, ou seja, segundo a existência em si da verdade, a qual independe de seu reconhecimento por nós?

Averróis, seguindo Aristóteles, mostra a eliminação do possível desde que a veracidade ou a falsidade seja atribuída, de maneira definida, a cada uma das proposições opostas, relativas ao futuro. Como salvaguardar a crença

---

35. Avicena, *al-Shifa'*, citado por A. Elamrani, "De la multiplicité des modes de la prophétie chez Ibn Sina", in *Études sur Avicenne*, Paris, Les Belles Lettres, 1984, p. 133.

na contingência, quando aparece claramente que o homem delibera e decide sobre suas ações? O argumento de Aristóteles, presente em 18b 34, descreve o que resulta do necessitarismo e da ausência de deliberação:

> De fato, nada impede que, dez mil anos antes, um diga que isso existirá, e outro que isso não existirá, de modo que, necessariamente, tornar-se-á realidade aquele dos dois casos que era verdadeiro no momento da predição.[36]

Averróis torna mais explícito o recurso a esse grande lapso de tempo. Ele constrói a ficção de dois homens: um viveria dez mil anos para preparar o advento de um acontecimento, enquanto o outro utilizaria o mesmo período para opor-se aos projetos do primeiro:

> Se um homem qualquer tivesse deliberado a respeito de um acontecimento – por exemplo, decidisse que este ocorreria ao fim de dez mil anos – e adotasse as causas apropriadas para seu advento e sua geração no decorrer dessa longa duração (com a condição de que ele permanecesse vivo) e que um outro, no decorrer desse mesmo período, decidisse impedir seu advento e levasse em consideração o dispositivo das causas que impedem tal advento, o ato de cada um dos dois seria inútil e absurdo, e a deliberação teria caducado e seria destituída de sentido.[37]

Tal ficção permite dar "visibilidade" à deliberação, o que é impossível de conseguir através da realidade reduzida à deliberação de um só indivíduo com pouco tempo de vida. Para evitar o fatalismo, é necessário colocar em

---

36. J. Vuillemin, *Nécessité et contingence*, Paris, Minuit, 1984, p. 151, onde esta passagem de Aristóteles está traduzida para o francês.
37. *CMI*, § 35.

evidência o poder da ação humana. Ora, o fatalista poderá sempre dizer, com a apresentação de exemplos, que este ou aquele indivíduo limitou-se a satisfazer uma necessidade qualquer com a simples ilusão de deliberar sobre seus atos. A escala individual não fornece uma visibilidade suficiente à deliberação. Assim, a ficção baseada, por um lado, em um homem que tivesse vivido dez mil anos e estivesse preparado para empreender uma ação durante todo esse tempo e, por outro, em seu opositor que, durante o mesmo período, estivesse empenhado em criar obstáculos a tal empreendimento, permite ter uma idéia mais nítida do poder da deliberação. A soma das ações, durante todo esse tempo, acaba por pesar na balança em favor de um poder de escolha que, desde então, se torna visível: somente a má-fé diria, então, que ele é quimérico.

A estrutura dessa argumentação encontra-se em numerosos filósofos. Citemos Pascal, no *Prefácio ao tratado do vácuo*[38], ou, ainda, Kant em *Idéia de uma história universal de um ponto de vista cosmopolita*[39]; no lugar da ficção de um indivíduo com uma vida bastante longa, ambos colocarão a realidade de uma humanidade que se realiza na história singular dos indivíduos que, por ser breve, dá a ilusão de que nada é conseguido pelo homem.

A ficção de um homem que vive durante um tempo bastante longo é a plena realidade de uma humanidade composta por elos humanos.

---

38. B. Pascal, "Traité du vide", "Prefácio", *Oeuvres complètes*, Paris, Le Seuil, 1963, p. 232: "De modo que a seqüência dos homens, no decorrer de todos os séculos, deve ser considerada como o mesmo homem que subsiste sempre e aprende continuamente".
39. E. Kant, *Idée d'une histoire au point de vue cosmopolitique*, tr. fr., Paris, Gonthier, 1947, p. 26: "O que nos deixa impressionados nos sujeitos individuais, por sua forma confusa e irregular, poderá, todavia, ser conhecido no conjunto da espécie sob o aspecto de um desenvolvimento contínuo, embora lento, de suas disposições originais".

Conclusão:
Para uma filosofia da tradução

Leo Strauss indica que a precariedade filosófica nos países do Islã deve-se ao fato de que a filosofia não chegou a conciliar-se com a teologia: muito mais do que esta, a verdadeira "doutrina sagrada"[1] é a interpretação jurídica da Lei. Eis a razão por que Averróis utiliza esse viés para justificar a prática filosófica: é a própria Lei que nos impele a desenvolver o conhecimento das coisas e as especulações sobre a natureza do universo. Essa justificativa nem sempre obteve os resultados esperados; no entanto, o fato de ter escapado a um "controle externo"[2] foi também uma sorte para a filosofia, que teve de se contentar com um uso privado. Mesmo que sua prática tivesse sido bem acolhida por alguns príncipes, ela nunca recebeu o apoio contínuo das instituições. Não é verdade que se encontra, nos escritos de Ibn Bajja e de Ibn Tufayl, esse caráter privado sob a forma extrema do eremita ou do solitário?

Entretanto, pode-se dizer que Averróis procurou derrubar os compartimentos estanques da filosofia sem ter deixado de conservar a liberdade de exercício, segundo

---

1. L. Strauss, *La Persécution et l'art d'écrire*, op. cit., p. 48.
2. Ibidem, p. 50.

as condições que acabamos de ver. De fato, ele formulou um projeto educativo concreto, inspirado na *República*, de Platão, assim como na doutrina do *imamat* [a direção espiritual], tal como era praticada nas escolas jurídicas de sua época. Por detrás do aspecto aparentemente escolástico da prática do comentário, revela-se um pensamento original e até mesmo revolucionário: trata-se de mostrar que, além de terem todas as virtudes, o legislador muçulmano e o filósofo-rei de Platão devem possuí-las de uma forma perfeita. Averróis observa que os termos "rei", "legislador" e "imã" são sinônimos: afinal, não se trata sempre de dar o exemplo de modo que suas ações possam ser seguidas? Ora,

> aquele que é seguido em ações pelas quais possa ser manifestamente reconhecido como um filósofo é o imã, definitivamente.[3]

Do mesmo modo, em vez do *ginásio* – exemplo utilizado por Aristóteles para falar do que é, ao mesmo tempo, próprio ao homem, mas também temporário –, Averróis não hesita em empregar a palavra *mesquita* como seu equivalente nocional:

> O andar na mesquita é próprio ao homem que anda no momento em que ele anda.[4]

A menção ao ginásio ou à mesquita refere-se ao lugar da instrução e do encontro.

Essa refundição do saber grego na tradição muçulmana funciona por meio da produção de diversos tipos

---

3. *CMRP*, p. 177.
4. *CMT*, p. 240.

de correspondência. Assim, a distinção elaborada por Aristóteles entre os gêneros de argumentos pode ser ilustrada no texto corânico: além dos argumentos dialéticos, retóricos, que convêm a todos e, de alguma forma, permitem a salvação dos ignorantes, existem os argumentos demonstrativos – cujo programa foi fixado pelo Corão e deve ser realizado, em seu nome, pela filosofia –, que convêm apenas a uma elite obrigada a seguir o longo percurso de todas as ciências para poder controlá-los. Todavia, com a massa, essa elite compartilha o prazer de aprender, que toma diversas formas, associadas às disposições distintas, próprias de cada um: a forma do prazer divino para aquele que tem acesso aos inteligíveis, e a forma do prazer-contentamento [*iqna'*] para aquele que tem prazer em olhar as imagens, em escutar os discursos, assim como os raciocínios rudimentares e tácitos da retórica.

Apesar de desvalorizada filosoficamente, por não ter sujeito próprio, a retórica tem uma utilidade: traduzir os resultados dos raciocínios práticos e teoréticos em termos comunicáveis aos outros. Ela busca um público nem crítico, nem informado, mas que, por seu assentimento, demonstra uma capacidade mínima de raciocínio. Assim, o entimema será uma forma lógica privilegiada pelos comentadores em relação ao *ethos* e ao *pathos*, cujo valor é menos cognitivo e mais emotivo. O entimema não é o silogismo demonstrativo; na impossibilidade de ser seu substituto, pode ser seu auxiliar.

Averróis não hesita em unificar as diferentes formas de raciocínio – entimema, exemplo, metáfora, indução, demonstração – a fim de extrair daí a força epistêmica, o valor de conhecimento. É o que designamos como tese do *organon* longo, cuja unificação faz-se por meio de uma teoria geral do assentimento que permite eliminar o fosso entre o considerar como-verdadeiro e o verdadeiro, entre o verdadeiro *para-nós* e o verdadeiro *em-si*. De fato, dar seu assentimento pressupõe, de início, o estado do saber, em determinado momento, de cada qual e que permite validar, ou não, tal conhecimento recebido. Mas como evitar que essa validação não seja um puro solipsismo, uma forma de limitar-se a um idioleto ou a uma linguagem privada? A resposta de Averróis passa por uma vontade deliberada de abrir as formas de assentimento não demonstrativas – que são, às vezes, rudimentares – para a verdadeira demonstração. Essa abertura faz-se por uma confiança experimentada no raciocínio, o *sullogismos*, cujas diferentes sintaxes são apresentadas, pacientemente, por Averróis: o entimema ou raciocínio implícito, embora conclusivo, da retórica, que prevalece sobre a persuasão; a metáfora que prevalece sobre o consentimento por restituição, na compreensão, das premissas elípticas em que está assente; o exemplo que, de forma resumida e ilustrada, fornece um esquema conceitual; e, por último, a indução e a demonstração, pelas quais se chega ao saber efetivo sob sua dupla forma verossímil e comprovada. Essas diferentes sintaxes do raciocínio seriam suficientes para garantir, atualmente, o lugar de Averróis em uma teoria geral do conhecimento. Em outros contextos, um G. Frege (1848-1925) e um Donald Davidson (1917-2003) colocaram a ênfase, ao mesmo tempo, no enigma de uma linguagem pública composta pelo encadeamento de idioletos, em um considerar-como-verdadeiro que tem como horizonte o verdadeiro e nos difíceis limites entre conhecimento sugerido e conhecimento assertivo.

Talvez alguém critique o caráter heterogêneo dessas sintaxes do raciocínio e afirme que a contradição habita um discurso necessariamente dessemelhante a respeito dos mesmos assuntos. "A verdade está de acordo com ela mesma e é sua própria testemunha", responde-nos

Averróis no *Grande Comentário ao De anima*.⁵ No entanto, não é proibido pensar que o problema foi bastante complexo e que os esclarecimentos fornecidos por Leo Strauss – relativamente a Maimônides, contemporâneo de Averróis – aplicam-se também ao nosso filósofo: as contradições encontradas no livro *Guia dos perplexos*, do pensador judeu, devem-se, em parte,

> às exigências do ensino de questões obscuras [...]; elas não podem deixar de ser conhecidas pelo mestre e escapam à compreensão do aluno, enquanto este não tiver alcançado uma etapa superior de sua formação.⁶

Há, portanto, uma plurivocidade das vias de acesso à verdade; no entanto, em vez de ambigüidade, tal plurivocidade significa, de preferência, "perplexidade", noção que é mais apropriada para apresentar o segundo elemento do título do célebre livro de Maimônides – *alhayyarin* –, os perplexos, e não os desencaminhados. Aliás, o desconforto não será uma posição privilegiada do filósofo? Não será que ele se afasta do "consolo" que pode advir da reflexão, desde que faz a escolha do racionalismo? Isso não significa que a perplexidade seja paixão pela ambigüidade ou amor pela disputa: o acesso aos inteligíveis descarta essas duas tentações.

Por não se beneficiarem desse acesso, os teólogos procuram atribuir o estatuto de dogma a suas construções imaginárias, comprazendo-se em utilizar a dialética entendida como a arte das homonímias e ambigüidades. Tal dialética está mais próxima da sofística do que do exame refletido; e, relativamente à dialética entendida como *propedêutica para a ciência*, só tem em comum o nome.

---

5. *GCA*, p. 69.
6. L. Strauss, op. cit., p. 106.

As interpretações do texto religioso exigem uma grande circunspeção porque, nessa matéria, nem tudo é obscuro, nem tudo é interpretável.[7] Certamente, é necessário utilizar a inferência, a derivação [*al-istinbat*], termo genérico do qual o silogismo é uma espécie; no entanto, esse uso é em si mesmo normalizado pelo texto sagrado. Este convida, algumas vezes, à utilização da derivação, outras, ao uso do sentido aparente e chega até a convidar ao silêncio: os milagres não são temas de discussão; e, como não existe menção expressa, no texto sagrado, de que Deus tenha um corpo, é inútil escrever sumas teológicas para atribuir-lhe ou negar sua corporeidade.

Averróis faz parte de uma tradição intelectualista que se desenvolveu, bastante tardiamente, na Espanha, a partir de Ibn Bajja (Avempace). Essa tradição suscitou mal-entendidos; houve quem a visse como o *credo* de uma filosofia construída contra a religião. Em relação a questões tais como a ressurreição dos corpos e das almas particulares, julgou-se precipitadamente – mesmo antes de são Tomás de Aquino – que a filosofia praticada em terras do Islã era pagã por considerar que, após a morte, subsistia apenas o intelecto; esta é, realmente, a posição de Averróis. No entanto, é necessário acrescentar que se trata do resultado de uma demonstração inacessível àqueles que têm uma concepção grosseira da inferência, o "vulgo", que tem o *dever* de acreditar, a fim de que seja garantida a paz interior e a paz civil, no sentido aparente do texto sagrado: a perplexidade não convém a todos. Essa demonstração acessível ao número reduzido daqueles que têm o espírito flexível pode assumir a seguinte forma: a alma individual levantará problemas de preservação ou de criatividade e de animação de um corpo? E se, nesse

---

7. *KM*, p. 145.

aspecto, houver a pretensão de inscrever uma permanência qualquer, não seria mais racional atribuir a essa permanência a forma de uma rede conceitual submetida a avaliação constante que, na esteira de Aristóteles, Averróis denominava os inteligíveis?

Averróis abre-nos um campo intelectual: o da transposição e da tradução. Ele transpõe Aristóteles para o quadro da cultura andaluza sem qualquer servilismo; fornece equivalentes nocionais para diferentes conceitos do Estagirita; propõe uma filosofia da tradução em que os conceitos básicos de uma cultura encontram seus correspondentes em outra. O Corão? Uma narrativa homérica. A mesquita? Um ginásio. O imã? O legislador grego. A interpretação da Lei? O silogismo. Esse campo intelectual – mais pacífico do que o do consenso – salvaguarda, com a prática filosófica, a pluralidade das formas de vida e de pensamento.

Bibliografia

Obras de Averróis citadas:

Al kulliyyat fi al-ttib [Medicina]. Edição de Saïd Tayban e Imar al-Talibi, revista por Abou Chadi al-Rubi. Cairo: Al-majlis al-a'la li-al-taqafa, 1989.

Bidayat al mujtahid wa nihayat al muqtasid. 2 t. Cairo: Matba'a al-istiqama, 1938.

Commentaire moyen sur le De interpretatione. Texto estabelecido por M. Kacem; C. E. Butterworth; A. A. Haridi. Cairo: The General Egyptian Book Organization, 1981. Tradução em inglês de C. E. Butterworth. Princeton: Princeton University Press, 1983. Tradução francesa de A. Benmakhlouf e S. Diebler. Paris: Vrin, 2000.

Commentaire moyen sur Les Catégories. Texto estabelecido por M. Kacem; C. E. Butterworth; A. A. Haridi. Cairo: The General Egyptian Book Organization, 1980.

Commentaire moyen sur Les Premiers Analytiques. Texto estabelecido por M. Kacem; C. E. Butterworth; A. A. Haridi. Cairo: The General Egyptian Book Organization, 1983.

Commentaire moyen sur Les Seconds Analytiques. Edição de A. Badawi. Kwait, 1984.

Commentaria Averrois in Galenum (*talkhiss ustuqsat galienus*). Edição de M. de la Conception Vazquez de Benito. Madri: Instituto Miguel Asîn, Instituto Hispano-Árabe da Cultura, 1984.

Commentary on Aristotle's Book on the Heaven and the universe (*sharh kitab al-sama'wa-l-'alam*). Edição de Fuat Sezgin. Frankfurt-an-Main (Alemanha): Institute for the History of Arabic Islamic Science at the Johann Wolfgang Goethe University, 1994.

Epitome in physicorum libros (*Al-jawami'fi al-falsafa, kitab al-sama' al-tabi'i*). Edição de Joseph Puig. Madri: Instituto Hispano-Árabe da Cultura, 1983.

Epitome meteorologica (*Kitab al-atar al-alawiyya*). Texto estabelecido por Soheir Fadl Allah, Soad Abdel Razik, revisão de Zeineb El Khodeiry. Cairo: Al-majlis al-a'la li-al-taqafa, 1994.

Fasl al-maqal (*Discours décisif*). Tradução francesa de M. Geoffroy. Paris: GF, 1996. (Edição bilíngüe)

Grand commentaire de La métaphysique. Edição de M. Bouygues. 3ª ed. Beirute (Líbano): Dar el-Machreq, 1990.

Grand commentaire sur Le livre de l'âme (Comentário conhecido em sua tradução latina do século XIII por Michel Scot, astrólogo de Frederico II). Edição de F. S. Crawford. Cambridge, Mass., 1953.

Jawami' li-kotoub aristotalis fi al-jadal wal-khataba wa-shi'r-Al jadal [Pequeno comentário aos *Tópicos*, à *Retórica* e à *Poética*]. Edição de Charles E. Butterworth. Albany: State University of New York Press, 1977.

Kachf manahij al-adilla fi 'akai'd al-milla wa-ta'rif ma waqa'a fiha bi-hasbi at-ta'wil min al-shubah al-muzayyafa wal-bida' al-mudila [Exposição dos métodos de prova relativos aos dogmas da religião, e definição dos equívocos e das inovações que se encontram neles em decorrência da interpretação e que alteram a verdade ou induzem ao erro]. Edição de M. J. Müller, *Philosophie und Theologie von Averroes*, Munique (Alemanha), 1859; tradução alemã de M. J. Müller. Munique, 1875 – edição utilizada aqui: Beirute (Líbano): M. A. Al-Jabri, 1998.

Rasa'il Ibn Ruschd al-Tibbiyya [Os tratados médicos de Averróis]. Edição de Georges C. Anawati e Sa'id Zayed. Cairo: Centro da Edição da Herança Cultural, 1987.

Tahafut at-tahatuf. Edição de M. Bouygues. Beirute (Líbano): Dar el-Machreq, 1992.

Estudos sobre Averróis e outros livros citados

ABD AL-WAHAD AL-MURRAKUCHI. *Mu'jib*. Edição de Saîd al-aryân e Mohammed al-Arbi al-alami. Cairo, 1949.

AL-'ABIDI, J. *Ibn Rushd wa ulum ach-char'iyya al-islamiyya* [Ibn Rushd e as ciências islâmicas do direito]. Beirute (Líbano): Dar al-fikr, al-'arabi, 1991.

ALAOUI, J. *Maqalat fi al-mantiq wa-al-ilm at-tabi'i*. Casablanca (Marrocos): Dar na-nachr, al-maghribiyya, 1983.

ALAOUI, J. *Al-matn Al-ruschdi*. Casablanca (Marrocos): Dar Toubqal lin-nachr, 1986.

ARNALDEZ, R. *Averroès, un rationaliste en Islam*. Paris: Balland, 1998.

BORGES COELHO, António. *Tópicos para a história da civilização e das idéias no Gharb Al-Ândalus*. Lisboa: Instituto Camões, 1999. (Col. Lazúli)

BRUNSCHWIG, R. Averroès juriste. In: *Études d'islamologie*. Paris: Maisonneuve et Larose, p. 167-201, 1976.

CORBIN, H.; YAHIA, O.; NASR, S. H. La filosofia islâmica desde sus orígenes hasta la muerte de Averroes.

In: *Historia de la Filosofia*. Madri: Siglo XXI de España, 1990.

De LIBERA, A. *Averroès et l'averroisme*. Paris: PUF, 1991. (Coleção Que sais-je?)

FAKHRY, M. *Ibn Ruschd, faylasuf qurtuba* [Ibn Ruschd, filósofo de Córdoba]. 2ª ed. Beirute (Líbano): Dar al-Machreq, 1986.

GAUTHIER, L. *La Théorie d'Ibn Rushd (Averroès) sur les rapports de la religion et de la philosophie*. Paris: Leroux, 1909; reed. Vrin, 1983.

IBN ABI USAYBI'A. *Uyun al-anba' fi tabaqat al-attiba'*. 4ª ed. Beirute (Líbano): Dar al-taqafa, p. 122-7, 1987.

IBN BAJJA. *Opera metaphysica (rasail Ibn Bajja al-ilahiyya)*. Edição de Majid Fakhry. Beirute (Líbano): Dar al-nahar li al-nachr, 1991.

JOLIVET, J. Divergences entre les métaphysiques d'Ibn Ruchd et d'Aristote. In: *Arabica*, t. XXIX, fasc. 3, p. 225-45.

LEAMANN, O. *Averroes and his Philosophy*. Oxford: Clarendon Press, 1988; edição revista, 1998.

MARTINEZ LORCA, A. La filosofia en al-Andalus. Una aproximación histórica. In: *Ensayos sobre la filosofia en el-Andalus*. Barcelona: Anthropos, 1990.

MUNK, S. *Mélanges de philosophie juive et arabe*. Paris: 1859; reed. Vrin, 1988.

RENAN, E. *Averroès et l'averroisme*. Paris: Calmann-Lévy, 1949.

THOROVAL, Y. *Diccionario de civilización musulmana*. Barcelona: Larousse Planeta, 1996.

URVOY, D. *Averroès, les ambitions d'un intellectuel musulman*. Paris: Flammarion, 1998.

ESTE LIVRO FOI COMPOSTO EM SABON
CORPO 10,7 POR 13,5 E IMPRESSO SOBRE
PAPEL OFF-SET 90 g/m² NAS OFICINAS DA
BARTIRA GRÁFICA, SÃO BERNARDO DO
CAMPO-SP, EM MARÇO DE 2006